Elogios para
O Gênio Preguiçoso

"Com sabedoria, humor e praticidade, Kendra Adachi nos oferece um método para fazer as coisas sem nos perdermos no processo. Este livro não apenas reformulará como você encara a vida, mas também fará você se sentir mais você. E nada é mais significativo do que viver uma vida de propósitos e realizações e, ao mesmo tempo, sentir-se mais você mesma do que nunca."

— BRI MCKOY, autora do livro
Come & Eat

"Em um mundo que está constantemente gritando para se fazer mais e com perfeição, *O Gênio Preguiçoso* vem para nos resgatar. Kendra gentilmente nos leva pelas mãos e nos ajuda a entender que não precisamos ser os melhores em tudo. Podemos realmente aprender a aproveitar as coisas que amamos e até mesmo prosperar alegremente enquanto fazemos as coisas que não amamos."

— JESSICA THOMPSON, palestrante nacional e coautora
do livro *Give Them Grace*

"Ler este livro prático e acessível será como passar uma tarde com uma irmã mais velha, legal e sábia que está ajudando você a organizar a sua vida. Sem nenhuma vergonha ou culpa, Kendra lhe dá permissão para cuidar das coisas que realmente importam e ser preguiçosa com as coisas que não importam. Eu gostaria muito de ter lido este livro vinte anos atrás."

— SARAH BESSEY, autora de *Miracles and
Other Reasonable Things*

"Kendra tem um talento para infundir o rotineiro e o prático com uma sacralidade profunda. Honestamente, é irritante como ela consegue facilmente ser, ao mesmo tempo, inspiradora, divertida e didática, mas isso torna o mundo um lugar melhor. Nunca fui tão grato pela voz de alguém."

— KNOX MCCOY, autor do livro
All Things Reconsidered

"Se ensiraram a você que não se ganha nada sendo preguiçosa, prepare-se para deixar Kendra mudar a sua mente e sua vida para sempre. Spoiler: a preguiça é *a* ferramenta poderosa que te liberta para que você se torne um gênio onde realmente importa. Quem dera ter lido este livro surpreendente há vinte anos."

— MYQUILLYN SMITH, autora bestseller do *Wall Street Journal* do livro *Cozy Minimalist Home*

"*O Gênio Preguiçoso* é uma receita para criar uma vida doméstica generosa e menos estressante. As sugestões de Kendra para rotinas equilibradas, em vez de regras rígidas, irão fazer o leitor se sentir seguro e preparado para o ritmo de mudanças, tanto da vida em família quanto do crescimento pessoal. Ela também é o que os especialistas chamam de alguém com senso de humor."

— GINA SMITH E S. D. SMITH, autores da série de livros The Green Ember

"*O Gênio Preguiçoso* é o guia que os adultos estavam esperando, e Kendra Adachi — com o jeito prático de Leslie Knope, a audácia de Beyoncé, e os encantos de Hermione — é a líder que amaremos para sempre. Resumir o que mais importa, de repente faz com que o cotidiano se torne mais administrável. Entregue com a mistura clássica de sabedoria e inteligência de Kendra, parece ainda mais divertido."

— SHANNAN MARTIN, autora do livro *The Ministry of Ordinary Places* e *Falling Free*

"Como fã de longa data do podcast *The Lazy Genius,* eu não poderia estar mais empolgada com este livro. Kendra tem um dom de fazer perguntas que ajudam você a priorizar as partes da sua vida que realmente importam e a deixar de lado as que não importam. Ela não pressiona ou prega, ela encoraja e pergunta. Como ela mesma admite: não é fácil conduzir a demanda constante de administrar uma casa, planejar refeições, hospedar parentes e criar e manter tradições de feriados, tudo isso enquanto arranja tempo para o seu próprio trabalho e para cuidar de si mesma. Mas Kendra torna tudo isso muito mais fácil!"

— JENNA FISCHER, atriz e autora do livro *The Actor's Life,* e coapresentadora do podcast *Office Ladies*

"Agradável e engraçado, inteligente e amigável: descobrir como organizar a sua vida nunca foi tão divertido."

— ANNE BOGEL, autora do livro *Don't Overthink It* e criadora do blog *Modern Mrs. Darcy*

"*O Gênio Preguiçoso* me fez repensar da melhor maneira possível todos os meus métodos atuais. Depois de ler este livro, estou tomando decisões com mais clareza."

— LAURA TREMAINE, apresentadora do podcast *10 Things to Tell You*

"Eu já conheço a Kendra há muito tempo, e nunca encontrei alguém com um espírito tão bom e divertido de se ter por perto e a praticidade de uma amiga que sabe como fazer as coisas. Quando você precisar de uma amiga para lhe dar ordens da *melhor* maneira possível, pegue este livro e deixe Kendra fazer isso. A sua sabedoria sobre uma variedade de assuntos, desde fazer amigos até limpar a cozinha, vai inspirar você a fazer o que importa e relaxar com o resto."

—TSH OXENREIDER, autora do livro *At Home in the World* e *Shadow & Light*

"Eu sempre fui meio preguiçosa quando se tratava da minha casa. Os resultados desta minha atitude não eram nenhuma surpresa — lixeiras lotadas com caixas de entregas, roupa mofada na máquina de lavar, e muito caos. Mas Kendra Adachi oferece um jeito melhor. O Gênio Preguiçoso não significa que você tenha que se tornar um chef gourmet ou começar a limpar os rodapés com uma escova de dentes. Kendra encontrará um meio-termo. Ela apresenta passos fáceis para você zerar a sua lista de afazeres em tempo recorde, sem sacrificar todos os seus momentos livres. Kendra nos ajuda a criar um espaço para tarefas e televisão. Ela encontra tempo para que a gente solucione problemas e olhe o Instagram. O *Gênio Preguiçoso* é o jeito perfeito."

— JAMIE GOLDEN, coapresentadora do *The Popcast with Knox and Jamie*

O Gênio Preguiçoso

KENDRA ADACHI

Prefácio de Emily P. Freeman

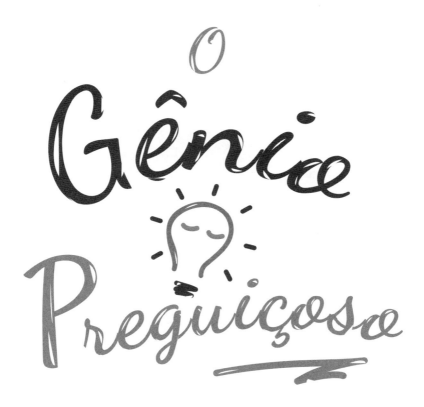

O Gênio Preguiçoso

Abrace o que importa,
LIVRE-SE DO QUE NÃO IMPORTA
e faça acontecer

Rio de Janeiro, 2021

O Gênio Preguiçoso

Copyright © 2021 da Starlin Alta Editora e Consultoria Eireli. ISBN: 978-65-5520-478-0

Translated from original The Lazy Genius Way. Copyright © 2020 by Kendra Joyner Adachi,. ISBN 9780525653912. This translation is published and sold by permission of WaterBrook, an imprint of Random House, the owner of all rights to publish and sell the same. PORTUGUESE language edition published by Starlin Alta Editora e Consultoria Eireli, Copyright © 2021 by Starlin Alta Editora e Consultoria Eireli.

Todos os direitos estão reservados e protegidos por Lei. Nenhuma parte deste livro, sem autorização prévia por escrito da editora, poderá ser reproduzida ou transmitida. A violação dos Direitos Autorais é crime estabelecido na Lei nº 9.610/98 e com punição de acordo com o artigo 184 do Código Penal.

A editora não se responsabiliza pelo conteúdo da obra, formulada exclusivamente pelo(s) autor(es).

Marcas Registradas: Todos os termos mencionados e reconhecidos como Marca Registrada e/ou Comercial são de responsabilidade de seus proprietários. A editora informa não estar associada a nenhum produto e/ou fornecedor apresentado no livro.

Impresso no Brasil — 1ª Edição, 2021 — Edição revisada conforme o Acordo Ortográfico da Língua Portuguesa de 2009.

Erratas e arquivos de apoio: No site da editora relatamos, com a devida correção, qualquer erro encontrado em nossos livros, bem como disponibilizamos arquivos de apoio se aplicáveis à obra em questão.
Acesse o site www.altabooks.com.br e procure pelo título do livro desejado para ter acesso às erratas, aos arquivos de apoio e/ou a outros conteúdos aplicáveis à obra.

Suporte Técnico: A obra é comercializada na forma em que está, sem direito a suporte técnico ou orientação pessoal/exclusiva ao leitor.
A editora não se responsabiliza pela manutenção, atualização e idioma dos sites referidos pelos autores nesta obra.

Dados Internacionais de Catalogação na Publicação (CIP) de acordo com ISBD

A191g	Adachi, Kendra
	O Gênio Preguiçoso: abrace o que importa, livre-se do que não importa e faça acontecer / Kendra Adachi ; traduzido por Michela Korytowski. - Rio de Janeiro : Alta Books, 2021.
	240 p. ; 14cm x 21cm.
	Tradução de: The Lazy Genius Way
	ISBN: 978-65-5520-478-0
	1. Autoajuda. 2. Pensamentos. 3. Gerenciamento de tempo. I. Korytowski, Michela. II. Título.
2021-4169	CDD 158.1
	CDU 159.947

Elaborado por Odilio Hilario Moreira Junior - CRB-8/9949

Rua Viúva Cláudio, 291 — Bairro Industrial do Jacaré
CEP: 20.970-031 — Rio de Janeiro (RJ)
Tels.: (21) 3278-8069 / 3278-8419
www.altabooks.com.br — altabooks@altabooks.com.br

Produção Editorial
Editora Alta Books

Gerência Comercial
Daniele Fonseca

Editor de Aquisição
José Rugeri
acquisition@altabooks.com.br

Produtores Editoriais
Illysabelle Trajano
Maria de Lourdes Borges
Thales Silva
Thiê Alves

Marketing Editorial
Livia Carvalho
Thiago Brito
marketing@altabooks.com.br

Equipe de Design
Larissa Lima
Marcelli Ferreira
Paulo Gomes

Diretor Editorial
Anderson Vieira

Coordenação Financeira
Solange Souza

Coordenação de Eventos
Viviane Paiva

Assistente Editorial
Mariana Portugal

Equipe Ass. Editorial
Beatriz de Assis
Brenda Rodrigues
Caroline David
Gabriela Paiva
Henrique Waldez
Raquel Porto

Equipe Comercial
Adriana Baricelli
Daiana Costa
Fillipe Amorim
Kaique Luiz
Victor Hugo Morais

Atuaram na edição desta obra:

Tradução
Michela Korytowski

Copidesque
Luciere Souza

Capa
Marcelli Ferreira

Revisão Gramatical
Daniel Salgado
Aline Vieira

Diagramação
Catia Soderi

Ouvidoria: ouvidoria@altabooks.com.br

Editora afiliada à:

Agradecimentos

Quando eu pensei em escrever um livro, achei que esta seria a parte mais fácil. Acontece que pensar em palavras adequadas para agradecer todas as pessoas que estiveram junto comigo em todo esse lance de "vamos escrever um livro" é incrivelmente difícil. Simplesmente não há palavras suficientes para dizer o quanto eu estou grata por essas pessoas.

Primeiramente, obrigada à linda comunidade do Gênio Preguiçoso. Este livro é para vocês e não existiria sem vocês. Obrigada por ouvirem os episódios do podcast, fazerem a minha receita do Change-Your-Life Chicken, e por me incentivarem da maneira mais significativa que vocês possam imaginar. Eu sou grata pela gentileza de vocês, pelas suas perguntas, e por conhecerem o gif perfeito do James McAvoy para usar na mensagem direta do Instagram. Vocês são incríveis, eu gostaria de fazer cookies para todas vocês.

Um super obrigada para a minha equipe da WaterBrook: Susan Tjaden por tornar minhas palavras melhores, Johanna Inwood por se importar com a natureza do marketing, mais do que com números, Lisa Beech e Chelsea Woodward por trabalharem tanto para divulgar essa mensagem, e todo o pessoal que eu não conheci, mas que trabalharam muito para este livro ganhar vida.

Obrigada, obrigada, obrigada.

Lisa Jackson, você tem sido uma grande apoiadora. Obrigada por tolerar as minhas mensagens divagantes no Voxer, por acreditar em mim quando achei que tinha cometido um grande erro, e por ser não apenas minha agente, mas também minha amiga.

Leah Jarvis, você é o vento que sopra minhas asas. Obrigada por sair do seu emprego para trabalhar comigo, por conhecer a minha mente, às vezes, melhor do que eu, e ser uma pessoa encantadora e muito talentosa. Estou honrada por ter você ao meu lado.

Emily P. Freeman, eu realmente não sei como fazer as coisas sem você. Obrigada por nomear o que não posso nomear e ver o que não consigo ver, da criação dos filhos, a escrever e tudo mais. Você tem sido a minha porta para o mundo de Oz — para esse mundo colorido e esquisito de compartilhar minhas palavras, e que me fez mais eu mesma do que eu achei que fosse possível. O trabalho que faço, a pessoa que me tornei, os sonhos que coloquei no mundo não existiriam sem você. Você é um super presente, te amo.

Jamie B. Golden, o que teria acontecido se eu nunca tivesse lhe mandado um e-mail sugerindo ser sua amiga? O quão triste seria o meu mundo se você não estivesse nele. Você tem sido uma surpresa, meu amigo, me ensinando o valor da comemoração e o dom da possibilidade. Você também é a pessoa mais divertida que eu conheço, e eu sou um ser humano melhor porque você é meu amigo.

Bri McKoy e Laura Tremaine, que juntamente com Jamie têm sido o grupo idealizador dos meus sonhos, obrigada por me ouvirem falar demais sobre coisas sem importância, por me ajudarem a resolver os meus problemas nos negócios, e por me mandarem capturas de tela do ranking do iTunes do meu podcast em plena comemoração. Vocês, meninas, são absolutamente as melhores, amo muito vocês.

Myquillyn Smith, Caroline Teselle, Tsh Oxenreider, e Emily P. Freeman, obrigada por serem um lugar seguro para eu me sentir como uma idiota profissional. A sabedoria coletiva de vocês através dos anos tem sido tão incrível que é quase absurda. Eu sou tão grata pelas horas, pelos fins de semana e pelas conversas da Carolina do Norte até Londres que moldaram meu trabalho e minha vida. Eu tenho a honra de chamá-las de amigas.

Erin Moon, você é a garota mais legal da internet e a maior musa que eu poderia pedir. Você trouxe mais clareza para o meu trabalho, e alegria para minha vida, do que possa imaginar. Eu estou muito feliz que a internet nos uniu.

Knox McCoy, você é um editor excepcional, e o seu incentivo neste processo foi um presente. Obrigada por ser tão bom no que você faz, pelas ideias interessantes, e além de tudo isso, por ser um cara tão legal.

Anne Bogel, o seu tempo de me contactar durante esse processo foi estranho e maravilhoso. Obrigada por ser uma incentivadora tão dedicada a mim.

Para todos os músicos que foram minhas companhias constantes durante esse processo: Penny & Sparrow, Songs of Water, Slow Meadow, Gloaming, Yasmin Williams, Ólafur Arnalds, e Balmorhea. Vocês têm a minha mais profunda gratidão. Eu não sou eu mesma sem música, então obrigada por me fazerem sentir completa quando as coisas ficam complicadas.

A minha preciosa, e absurdamente incrível família da igreja e ao grupo comunitário Hope Chapel: a amizade de vocês não poderia ter chegado em melhor hora, e estou sempre impressionada de como é incrível o que tenho aqui com vocês. Amo-os de verdade.

Elizabeth e Charlie Swing, Andraya e Daniel Northrup, Griffin e Erin Kale, obrigada por torcerem por mim da maneira que nunca esperei. Vocês são amigos fabulosos.

Jason e Alisa Windsor, sempre vou lembrar deste livro como o projeto em que eu estava trabalhando quando você recebeu a ligação dizendo que vocês teriam o Alistair. Que presente tê-los como amigos, saber o quanto vocês dois acreditam no meu trabalho, há quanto tempo torcem por ele, e por viverem a vida juntos durante esses últimos anos com altos e baixos. Eu amo vocês dois, e louvo a Jesus por esse lindo bebê em seus braços.

Hannah Van Patter, obrigada pelos bilhetes na minha mesa, pelo bolo no meu aniversário, pelos jantares em família em dias de prazo final, sua amizade carinhosa e sincera. Você é um presente, e eu estou mais do que grata pelo tanto que você me ama. Michael, um brinde por todas as saídas nerds com pizza, e obrigada por ter construído aquele muro. A nossa família ama muito a sua, e mal podemos esperar para continuar vivendo juntas. Obrigada por chegar primeiro.

Mãe e Jon, obrigada por serem pais tão apoiadores, pelas preces fervorosas durante esse processo, e por sentirem orgulho de mim por eu ser eu mesma. Amo vocês.

Tom e Seiko, obrigada por alimentar Kaz e as crianças enquanto eu estava trabalhando e por me encorajarem com meus sonhos. Vocês são sogros maravilhosos, e sou grata por vocês.

Para Luke, Hannah, Imi, Silas, Miles, Matt, Julie, Morgan, Ava, Kennedy, Emmaline, Jeremiah, Chris, Becky, Ivy, Tet, Kenji, Christine, Charis, Alana, e Derek: que presente ter vocês como minha família.

Hannah Kody, obrigada por saber das minhas histórias melhor do que eu, por me ajudar com o meu cabelo, por rir das piadas que ninguém mais entende, por saber dos meus pontos fracos e me amar ainda mais por causa deles. Simples assim, você é a melhor. Eu amo você como uma irmã (porque você é minha irmã), mas eu sou muito agradecida por você ser minha amiga.

Sam, Ben e Annie, vocês, pessoal, são, sem dúvida, as crianças mais legais e gentis do pedaço. Eu amo tanto vocês que o meu coração poderia explodir, e ser a mãe de vocês é uma honra.

Kaz, eu escolheria você sempre. O seu amor me trouxe vida, é meu porto seguro. Eu amo você, e o último da minha lista de agradecimentos é a mulher do padre!

SOBRE O AUTOR

Kendra Adachi foi para a faculdade para se tornar professora de inglês do ensino médio, mas, em vez disso, se tornou um Gênio Preguiçoso, compartilhando com entusiasmo e franqueza como descartar tudo o que não importa para fazer o que realmente importa. O seu trabalho inclui apresentar o podcast *The Lazy Genius,* preparar jantares no Instagram, e convencer seus três filhos pequenos que falar ao telefone é o trabalho da mamãe. Ela e o seu marido adoram criar os filhos na mesma cidade da Carolina do Norte em que os dois cresceram.

PREFÁCIO

Alguns momentos — como casamentos, nascimentos, formaturas e pedidos de casamento — deixam marcas profundas em nossa memória de forma significativa. Outros momentos permanecem ligados no tempo porque estão unidos por emoções fortes, como alegria, comoção, paixão ou luto. Ainda assim, a vida é, na maior parte, feita de momentos bons que podem parecer comuns enquanto você os vive, mas são esses momentos que você retribui com gratidão. Não necessariamente porque foram marcantes, mas porque moldaram os contornos da sua vida, um momento de cada vez.

Na primavera de 2008, meu marido, John, e eu estávamos empacotando todas os nossos pertences, iríamos nos mudar para uma casa do outro lado da cidade. Além do estresse habitual que acompanha uma mudança, John estava há quase um ano trabalhando em um novo emprego em uma igreja local e tínhamos três filhos menores de quatro anos. Parecia que cada área da nossa vida tinha sido tocada pelo caos ou pela mudança, e eu estava há semanas pronta para que aquilo acabasse.

Alguns dias antes de devolvermos a chave, todos os nossos móveis já estavam na casa nova, mas ainda tínhamos alguns itens de última hora na casa antiga que precisávamos empacotar: condimentos na geladeira, pilhas de correspondências sem importância na bancada, caixas plásticas sem tampas na sala de jantar, algumas gavetas na cozinha com materiais de escritório obsoletos, fios enrolados, e sobras de dispositivos eletrônicos não identificáveis. Pelo que vimos, você não se muda apenas com as coisas que você gosta. Você tem que se mudar com *tudo*. Eu estava pronta para atear fogo naquele resto de coisas, assim não teríamos que empacotá-las ou desempacotá-las. Mas, em vez de acender um fósforo, eu chamei uma amiga.

Enquanto John ficava com os nossos filhos na casa nova, minha amiga veio me ajudar a tirar da casa antiga esses poucos pertences e colocar no meu carro pela última vez. Se você está viva há cinco minutos, talvez já saiba que este é um pedido delicado. Na época eu conhecia essa amiga apenas há um ano, e ficava receosa em convidá-la para jantar — quanto mais pedir a ela que me ajudasse com as tralhas da nossa casa antiga. Ela veria minha desorganização óbvia e as tranqueiras desnecessárias que eu tinha. Além do que, ela me veria no auge do meu estresse, esgotada e sem banho.

Ainda assim, ela veio. Trabalhamos juntas em silêncio, levando, do jardim para nossos carros, caixas plásticas sem tampas cheias de ferramentas aleatórias, itens de geladeira e lâmpadas. Lembro-me de sentir um alívio danado por ela não ter pedido minha orientação (o que honestamente naquele momento seria apontar o quintal e entregar um fósforo a ela.) Em vez disso, percebeu o que precisava fazer, e trabalhou rápido, sem comentários, me ajudando com os últimos carregamentos constrangedores e terminando o trabalho. O que me lembro mais sobre aquele dia foi seu silêncio delicado e sua postura presente.

Se você ainda não descobriu, essa amiga era Kendra Adachi. E apesar dessa mudança ter acontecido há mais de dez anos e aquela tarde não ter sido acompanhada por uma única conversa significativa ou algum momento tradicionalmente importante, essa lembrança me revisita com frequência e choro ao pensar nisso, mesmo agora. Porque em vez de encarar aquela mudança como um Gênio Preguiçoso, eu a tratei mais como uma idiota sobrecarregada. Fiz as coisas erradas na ordem errada, sentindo vergonha pelo estado da minha casa e pelo caos na minha vida.

Entretanto, Kendra é uma especialista em criar métodos para finalizar tarefas. Ela é mestra em fazer as coisas certas, na ordem certa e pelas razões certas, de arrumar uma caixa a organizar uma festa. Enquanto foi, é claro, uma benção ter uma amiga disposta a me ajudar com a mudança — e ser capaz de confiar em uma amiga que me vê no meu pior momento — o motivo pelo qual essa memória se destaca para mim vai muito além. Salienta-se porque aquilo que eu sentia em que estava falhando miseravelmente era algo no qual ela se destacava e, ainda assim, ficou do meu lado compassivamente, sem me julgar. Ela me acudiu por amor.

Este livro que você está segurando é a evidência desse amor. Talvez você o tenha escolhido porque precisa de ajuda para conseguir fazer suas tarefas. Ela certamente vai lhe ajudar nisso. Mas métodos eficientes não funcionam se não forem implementados com gentileza. E esse é o presente exclusivo deste livro e o motivo pelo qual sou grata a Kendra por finalmente tê-lo escrito.

O motivo pelo qual *O Gênio Preguiçoso* tem potencial para mudar seu modo de vida não é somente pelas dicas práticas, mas pela ideia na qual elas são apresentadas. Desde o jeito como você limpa a sua cozinha até a maneira como você começa o seu dia, ser um Gênio Preguiçoso não consiste em fazer as coisas da maneira *certa,* mas em finalmente encontrar o *seu próprio* jeito. Você não ouvirá mantras vazios te deixando com vergonha por não fazer melhor as coisas. Em vez disso, você será encorajada a decidir o que importa para você e deixar gentilmente o resto para trás.

Faz dez anos que a minha família se mudou. Desde então, Kendra e eu tivemos inúmeros momentos juntas, e eu não senti nenhum constrangimento por ela ter me visto no meu pior momento. Essa transformação começou no dia em que ela apareceu para me ajudar, mesmo podendo me dar ordens para fazer melhor. Mas ela não me humilhou e nem vai humilhar você. Kendra está me ensinando a ser um gênio com as coisas que importam e a ser preguiçosa com as coisas que não importam. Antes de desistir de si mesma e permitir que o caos faça você querer colocar fogo na casa, deixe isso de lado e leia este livro instigante, prático e agradável.

— Emily P. Freeman
autora do livro *The Next Right Thing*

SUMÁRIO

Agradecimentos   *9*

Sobre o autor   *13*

Prefácio   *15*

INTRODUÇÃO   23

(Por favor, não pule)

COMO PENSAR COMO UM GÊNIO PREGUIÇOSO   29

DECIDA UMA ÚNICA VEZ   41

Princípio do Gênio Preguiçoso #1

COMECE PEQUENO   57

Princípio do Gênio Preguiçoso #2

FAÇA A PERGUNTA MÁGICA   69

Princípio do Gênio Preguiçoso #3

VIVA A ESTAÇÃO   81

Princípio do Gênio Preguiçoso #4

DESENVOLVA AS ROTINAS CERTAS   95

Princípio do Gênio Preguiçoso #5

DEFINA AS REGRAS DA CASA   109

Princípio do Gênio Preguiçoso #6

COLOQUE TUDO NO SEU DEVIDO LUGAR 123
Princípio do Gênio Preguiçoso #7

DEIXE AS PESSOAS ENTRAREM 135
Princípio do Gênio Preguiçoso #8

ORGANIZE EM LOTES 151
Princípio do Gênio Preguiçoso #9

ESSENCIALIZE 169
Princípio do Gênio Preguiçoso #10

SIGA A ORDEM CORRETA 181
Princípio do Gênio Preguiçoso #11

PROGRAME O DESCANSO 195
Princípio do Gênio Preguiçoso#12

SEJA GENTIL COM VOCÊ MESMA 209
Princípio do Gênio Preguiçoso #13

COMO VIVER COMO UM GÊNIO PREGUIÇOSO 223

Notas 237

O Gênio Preguiçoso

INTRODUÇÃO

(Por favor, não pule)

Eu não sou uma mãe que gosta de brincar. Quer dizer, eu até brinco, mas pessoalmente não gosto de ficar derrubando uma pilha de blocos vinte mil vezes seguidas, não importa quanto isso agrade aos meus filhos.[*]

Felizmente, meu marido é o tipo de pai que gosta de brincar. Alguns verões atrás, ele se empolgou enquanto estávamos de férias na praia. Cavou um buracão na areia tão fundo que você tinha que se inclinar para ver o fim. E então, com o entusiasmo de animador de festa, ele fez com que as três crianças corressem até o mar e voltassem com baldes de água para encher o buraco o mais rápido que pudessem.

Repetidas vezes, eles iam pegar água e jogavam no buraco, pegavam e jogavam.

Mas aquele buraco nunca ia ficar cheio.

Cada gota d'água era absorvida pela areia, provocando-os. Como meus filhos são crianças adoráveis e esquisitas, acharam divertido e ficaram brincando por muito tempo — isto é, até que um bando de gaivotas agressivas se tornou mais interessante.

---

[*] A propósito, tenho três filhos, Sam está na quarta série e é obcecado por *Minecraft,* Ben está na segunda série e é obcecado em pintar a *Mona Lisa,* e Annie está na pré-escola e é obcecada em mim.

Conforme eles corriam atrás dos pássaros, eu vi os baldes abandonados em volta do buraco vazio e percebi que estava olhando para a metáfora da minha vida. Talvez seja a da sua vida também.

Eis o que fazemos como mulheres.* Nós escolhemos um lugar na areia para cavar um buraco, verificando se as outras mulheres em volta estão escolhendo lugares parecidos (ou... *melhores*) tentando não desviar a nossa atenção com sua paciência de mãe e seus corpos de biquínis. Começamos a cavar, esperando que o buraco seja profundo o suficiente e indo na direção certa. No que isso vai dar? Não faço ideia, mas quem se importa. Está todo mundo cavando, então vamos cavar também.

No final das contas, é hora de começar a levar os baldes para encher o buraco. Carregamos baldes e baldes de "água"— calendários grifados por cores, responsabilidades de mãe representante, planos de refeição, e equilíbrio entre vida pessoal e profissional. Nós carregamos. Tentamos. Suamos. E vemos o buraco sempre vazio.

Agora estamos confusas.

Alguém já notou isso? O meu buraco está muito fundo? E para onde foi toda a água??

A gente dá uma pausa para recuperar o fôlego, imaginando se todo mundo também se sente um fracasso total. É impossível que uma pessoa mantenha a casa limpa, um trabalho gratificante, uma família ajustada, uma vida social ativa e corra 24 quilômetros por semana, certo?

Com o silêncio como única resposta, chegamos a uma conclusão: *Não, sou só eu. Preciso me organizar.* O que se segue são uma série de controles de hábitos, olhadas no calendário e buscas furadas na internet para descobrir como melhorar, até desmaiar de exaustão emocional, ter uma fadiga adrenal, ou desistirmos completamente e

---

* Se você for um homem, por favor, deixe que este livro esclareça o seu entendimento sobre como as mulheres estão sempre conectadas e sobre como somos pressionadas devido à cultura da qual fazemos parte. Além disso, obrigada por ler este livro, embora eu sempre use descaradamente pronomes femininos.

voltarmos para a casa na praia para afogar a vergonha bebendo uma margarita. Um brinde?

O VERDADEIRO MOTIVO DE VOCÊ ESTAR CANSADA

Você não está cansada porque as roupas sujas têm mais espaço na sua vida do que as pessoas, ninguém na sua casa parece se importar com o prazo do seu trabalho, ou o lanche dos seus filhos tem uma regra que diz: "uvas devem ser fatiadas". As tarefas são muitas, mas você sabe que a sua lista de afazeres não é a única culpada.

Você está "ligada" o tempo todo, tentando estar presente com o seu pessoal, administrando as emoções de todos ao seu redor, carregando as necessidades invisíveis de pessoas que você nem conhece, e tentando descobrir como atender as suas necessidades com o tempo que sobrou — acreditando que estão em primeiro lugar.

Isso é demais. Ou talvez pareça demais porque você ainda não leu o livro certo, ouviu o podcast certo ou encontrou o método certo.

Eu conheço esse sentimento. Passei horas desagradáveis procurando as ferramentas certas na tentativa de manter minha vida sob controle, e para comprovar, tenho uma pilha de planners largada e livros de autoajuda grifados. Alerta de spoiler desnecessário: nada disso ajudou.

Por um lado, eu sentia como se tivesse criado uma cópia carbono da vida desses autores, mesmo que eu não goste de ir para cama cedo e não viaje para várias cidades por ano para falar em eventos.

Por outro lado? Siga seus sonhos, menina. Aparentemente, minha lista de afazeres não é o problema, meu pensamento medíocre é que é.

Mas, mesmo assim, eu grifava várias passagens, tentando como MacGyver algum tipo de plano que fizesse sentido para mim. Talvez a combinação certa de dicas de produtividade e frases motivacionais me impediria de ficar acordada no meio da noite com preocupações. No entanto, livro após livro, citação após citação e plano após plano, eu continuava cansada. E talvez você esteja lendo este livro porque sente isso também.

Eu tenho boas notícias. Você não precisa de uma nova lista de afazeres. *Você precisa olhar de um novo jeito.*

PORQUE SIMPLIFICAR NÃO FUNCIONA

É a solução mais comum ao se sentir sobrecarregada: simplificar. Faça menos, tenha menos, fique menos tempo no Instagram. Reduza os compromissos, delegue e diga não. Mas, ao mesmo tempo, faça algo pela comunidade, participe de um clube de livros e cultive tomates. Faça a sua própria comida de bebê, realize um projeto pessoal importante, e saia com seu marido regularmente à noite se espera que o seu casamento sobreviva. Como tudo isso é simplificar? Na minha experiência, casamento, empreendedorismo e jardinagem são supercomplicados.

Para os cristãos, o conceito de uma vida simples pode ser ainda mais confuso. Jesus não tinha casa, tinha doze amigos e dependia da bondade dos outros para ter o que comer e para ter onde dormir. A vida dele se concentrava em um único objetivo, e tudo o mais era óbvio. Porém, um pouco mais atrás na Bíblia, encontramos (muito mal interpretado) o Provérbio 31: a mulher que se levanta antes do sol, costura lençóis de linho para a sua família, planta uma vinha e tem braços fortes.

Alguém pode me dizer, por favor, com o que eu tenho que me preocupar para poder simplesmente viver minha vida?

E é por isso que simplificar não é nada simples. Nenhuma voz pode dizer como vamos viver. Mesmo na mensagem bíblica de "ame a Deus e ame as pessoas" consiste um milhão de possibilidades de como pode parecer na prática.

Precisamos de um filtro que nos permita criar uma vida focando somente no que importa para nós, não no que todo mundo diz que *deveria* importar.

Minha amiga, bem-vinda ao O Gênio Preguiçoso.

COMO LER ESTE LIVRO

Eis aqui o seu novo mantra: seja um gênio com as coisas que importam e preguiçosa com as coisas que não importam . . . *para você.*

Conforme as circunstâncias da vida mudam, necessidades e prioridades fazem o mesmo. Este livro foi feito para ser uma referência de grande auxílio durante todas essas transições, oferecendo a você um discurso e ferramentas para abrir espaço para o que importa.

> **Eis aqui o seu novo mantra: seja um gênio com as coisas que importam e preguiçosa com as coisas que não importam... para você.**

Cada capítulo destaca um princípio do Gênio Preguiçoso, com ideias para serem implementadas de imediato. Um princípio por si só já terá um impacto tangível, mas conforme você aplicar cada um deles no seu dia a dia, verá como os treze princípios podem harmoniosamente criar soluções personalizadas para os seus problemas e esclarecer aqueles que não importam muito.

Você pode dar uma rápida olhada nestas páginas para encontrar decisões certas e listas úteis e, quando tiver tempo, ler mais profundamente conforme você cria espaço para se tornar você mesma. Eu te encorajo a pegar este livro sempre que você se deparar com uma barreira na sua rotina, quando uma transição for iminente, ou quando você sentir o peso de estar sempre ocupada.

Você aprenderá melhores maneiras de lidar com a roupa suja, de terminar projetos e de ter o jantar na mesa. Ótimo! Mas além da conveniência, você aprenderá a adotar uma vida que oferece espaço para o sucesso e para a luta, para a energia e para o cansaço, para casas limpas e para refeições ruins. Tudo isso conta porque é seu.

> **Você aprenderá melhores maneiras de lidar com a roupa suja, de terminar projetos e de ter o jantar na mesa. Ótimo! Mas além da conveniência, você aprenderá a adotar uma vida que oferece espaço para o sucesso e para a luta, para a energia e para o cansaço, para casas limpas e para refeições ruins. Tudo isso conta porque é seu.**

Se você tem filhos, estiver procurando um escritório melhor, estiver sozinha, ocupada ou entediada, este livro ajudará você a identificar o que importa, livrar-se do que não importa, e viver uma vida de Gênio Preguiçoso cheia de produtividade e paz.

Então, vamos começar.

COMO PENSAR COMO UM GÊNIO PREGUIÇOSO

Meu primeiro trabalho depois que terminei a faculdade foi na igreja onde passei meus anos do ensino médio e onde, alguns meses antes, eu me casei. Muitos dos meus colegas de trabalho me conheciam desde a época que eu ainda nem dirigia, mas agora eu era adulta com um marido e um cargo.

Estava ansiosa para provar que eu fazia parte daquela comunidade.

Uma vez por mês tínhamos uma reunião matinal de equipe, e a gente se revezava para organizar um café da manhã para todos. Quase todos os meses, sempre tinha o mesmo cardápio, bolinhos de mercado e salada de frutas, e me lembro de pensar: *Eu posso fazer melhor do que isso.*

Eu acabei me responsabilizando pelo café da manhã, não por gentileza, mas porque eu queria que o *meu* café da manhã fosse o melhor. Sim, eu morro de vergonha de compartilhar publicamente essa arrogância, mas sendo uma perfeccionista fanática, eu era obcecada em marcar pontos, evitar o fracasso e impressionar. Comparações e julgamentos estavam dentro das expectativas.[*]

---

[*] Se eu fosse descolada o bastante para ir a festas na adolescência, não teria me divertido nelas de qualquer maneira.

A maioria do pessoal dividia a organização do café da manhã, mas eu não. Eu faria tudo isso sozinha. Pensava que pessoas fracas e medíocres é que pedem ajuda. Confiantes por fora, mas desmoronando por dentro, essas fazem as coisas sozinhas.

Claro, perfeição era o meu padrão — e não apenas para a comida. Apesar do fato de não termos dinheiro, fiz a extravagância de comprar alguns pratos da Pottery Barn, assim a comida pareceria bonita. Eu comprei uma toalha de mesa de linho: as de plástico da igreja fariam meus pratos parecerem feios. E comprei uma dessas suqueiras de vidro que você vê na revista *Southern Living*, porque a perfeição não serve bebidas em jarras plásticas. Flores naturais, guardanapos chiques — já deu para entender.

Para o menu, eu pensei no café da manhã que tive na casa de amigos, que deixou todos impressionados com suas rabanadas: apetitosas, douradas, e uma candidata definitiva para o melhor café da manhã. Era a escolha perfeita.

Mas aqui vai o melhor: eu não sabia fazer rabanadas. Sabia fazer um molho de macarrão razoável e estava no básico de um cookie de chocolate quase perfeito, mas minhas habilidades culinárias não eram exatamente versáteis. Talvez se eu tivesse seguido uma receita, as coisas teriam sido diferentes.

Infelizmente, na época, eu achava que seguir receitas também era para os fracos. Então, decidi fazer não um, mas dois tipos de rabanadas para trinta pessoas, sem nenhuma instrução.

Caso você não saiba como fazer rabanadas, vou explicar rapidamente. Você praticamente faz um sanduíche, usando um pão rico em manteiga como o brioche, e dentro do sanduíche coloca algo bem gostoso como queijo, geleia ou Nutella. Então você mergulha esse sanduíche em um molho com base de ovo, açúcar e leite integral e o frita na manteiga quente até que o pão fique crocante e dourado. E no final, você polvilha com xarope ou açúcar de confeiteiro e enfia na boca com um garfo ou uma colher. É maravilhoso.

Agora veja como *eu* fiz.

Para as rabanadas #1, eu coloquei queijo processado entre as fatias de um pão de forma comum e empilhei os sanduíches em uma travessa — literalmente um em cima do outro. Receita completa.

Para as rabanadas número #2, eu fiz sanduíches com cream cheese e geleia de framboesa com o mesmo pão de forma comum e os empilhei também.

Então, coloquei o pão no forno. Para *assar*.

Não havia nada de ovos ou manteiga. Eu simplesmente esquentei os sanduíches esquisitos e pensei que era a Martha Stewart. Quando os tirei do forno, percebi que eles pareciam um pouco diferentes daqueles dos meus amigos (mas talvez isso fosse bom, será que eu tinha feito melhor?), cortei os sanduíches em triângulos, e os coloquei nos meus pratos chiques. Tentando disfarçar a feiura.

Uma hora mais tarde (eu estava agoniada, só imaginando em como eles deveriam estar horrorosos), a reunião da equipe começou. Eu sentei lá no fundo e chamei zero atenção para mim, não porque estivesse com vergonha, mas porque não queria que os meus colegas de equipe soubessem que eu *queria que eles soubessem* que eu era a responsável por essa obra de arte da culinária.

Eu me sentei à mesa, vendo meus amigos e colegas de trabalho fazerem fila para o café da manhã, "humildemente" esperando os elogios começarem.

Eu nem preciso dizer que *não* houve elogios.

O café da manhã estava nojento. Sério, muito nojento. Eu podia notar, não apenas a decepção na sala, mas também aquele estranho jogo social de fingir que gostou, conforme as pessoas tentavam agradecer ao cozinheiro misterioso pelo café da manhã, que mais tarde precisariam reforçar com barrinhas de cereal.

Talvez eu tenha sido dramática ao quase me demitir do meu emprego por causa desse fiasco, mas essa reação seria compreensível. Eu estava humilhada. Tinha tentado impressionar para provar a todos que eu podia fazer tudo: preparar uma mesa perfeita, fazer uma comida perfeita e receber os elogios com uma humildade perfeita. Em vez disso, provavelmente causei uma intoxicação alimentar em alguém. *Eu me importava demais com as coisas erradas.*

Caso você esteja se perguntando, definitivamente *não* é assim que um gênio preguiçoso pensa.

ESFORÇAR-SE DEMAIS

Quando você se interessa por algo, você tenta fazê-lo da melhor forma possível. Quando você se interessa por tudo, você não faz *nada* bem, o que te obriga a se esforçar ainda mais. Bem-vindo ao mundo do cansaço.

Se você se encaixa no segundo caso, provavelmente seus esforços para ser um humano aperfeiçoado deixaram a desejar, assim como os meus. Intelectualmente, sabemos que não podemos fazer tudo, mas mesmo assim tentamos. Durante esses últimos dez anos, eu fiz muita autorreflexão e terapia tentando descobrir por que ser perfeita, literalmente em tudo, parecia ser a resposta.

A história de cada um é diferente, e a minha envolve abuso. (Sim, isto é algo inesperado, e agora você sabe que eu gosto de ir direto ao ponto, sem enrolação). Meu pai e minha vida familiar eram algo imprevisível e, quando criança, eu aprendi que minhas escolhas tinham o poder de afetar a minha segurança. Se eu ficasse quieta, tirasse boas notas e mantivesse o meu quarto limpo, ele não ficaria violento. Embora minhas ações nem sempre tivessem uma correlação direta com ele, eu vivia como se tivessem. Eu associava segurança com valor e amor e, consequentemente, via minhas escolhas como única medida do meu valor. Eu achava que precisava ser a filha, a estudante e a amiga perfeita para ter alguma importância.

Eu tentava tanto ser o bastante, mas meu pai não parava de me dizer como ser ainda melhor. Eu lembro de me sentir tão sem valor quando criança, não entendendo por que ele achava que eu deveria ter cabelos loiros em vez de castanhos, por que minhas notas 10 eram esperadas e não celebradas, e por que minha mãe e ele eram tão infelizes. Naturalmente, eu achava que o problema era eu, que não estava tentando o suficiente ou não era perfeita o suficiente para fazer da nossa casa um lugar feliz. O sentimento de inadequação era avassalador e acabou minando para os meus outros relacionamentos.

Eu era a aluna preferida de todos os professores. Eu terminava meu dever de casa primeiro e sem nem um erro. Eu era a líder e monitora de classe mais confiável e tinha as melhores notas em 95% dos testes padronizados que eu fazia. Nenhum aluno é perfeito, mas eu cheguei bem perto, acreditando que este era o único jeito de ser amada.

Eu também tentava ser a amiga perfeita. Eu não arrumava confusão, guardava meus problemas para mim mesma e era um camaleão a cada relacionamento. Ninguém sabia que eu tinha vergonha por ter pais divorciados, que desesperadamente queria ser bonita, ou que me sentia um erro e estava prestes a desmoronar. Eu acreditava que deixar as pessoas verem as minhas falhas e imperfeições colocaria a nossa amizade em risco, e isso simplesmente não era um opção.

> Esta é a ironia da perfeição: os muros que impedem que a sua vulnerabilidade seja vista também impedem que as pessoas conheçam você como realmente é.

Esta é a ironia da perfeição: os muros que impedem que a sua vulnerabilidade seja vista também impedem que as pessoas conheçam você como realmente é. Eu sempre tentei me esconder atrás da perfeição porque achava que ser eu mesma não era o suficiente. Talvez você se sinta assim também.

Eu não estou tentando me meter na sua vida, mas provavelmente você sente vergonha, medo ou insegurança sobre algo e se esforça muito para tentar esconder. Todos nós fazemos isso porque somos todos humanos, e nem sempre tem a ver com algo tão sombrio como o abuso infantil. Cada história conta, mas lembre-se de que essas histórias sempre vêm acompanhadas de mentiras que acreditamos sobre nós. Eu, você e aquela moça bonita da loja de departamento, todas temos histórias que nos mantêm nos esforçando demais nas coisas erradas, e quanto mais nos esforçamos, mais fortes se tornam as mentiras.

Você é muito alta e ocupa muito espaço.
Você não é tão boa quanto a sua irmã.
Você puxou ao seu pai.
Você não é esperta, bonita ou atlética o bastante.
É sua culpa ela ter ido embora.

E conforme ficamos mais velhas, esses pensamentos e sentimentos de vergonha não desaparecem, eles apenas mudam a forma.

Você não cozinha tão bem.
Como você se atreve a não querer filhos.
Você trabalha demais.
Você deve estar fazendo algo errado, por isso ainda não se casou.
Você não é uma boa mãe por deixar seus filhos assistirem a televisão.
Ninguém quer ser seu amigo.

Esforçar-se demais para impressionar os outros, se esconder, ou lutar com a vergonha que te incomoda consome mais energia do que você pode aguentar. Agora acrescente nisso lavar roupas e dar caronas coletivas. Sério, é complicado.

Quando se esforçar demais te faz se sentir fracassada, você fica apenas com uma opção: desistir.

NÃO SE ESFORÇAR DEMAIS

Logo depois do desastre do café da manhã na igreja, eu joguei a toalha. Chega de querer impressionar. Chega de se importar. E fui longe demais. Eu me enganei pensando que tinha apenas duas opções: me esforçar demais ou não fazer nada. Esqueci que o tentar em si não é o problema. É bonito tentar quando se trata de coisas que na verdade importam, mas eu definitivamente adotei a abordagem do "não tô nem aí".

Embora uma das minhas maiores alegrias seja demonstrar meu amor pelas pessoas cozinhando para elas, eu pedia pizza quando meus amigos me visitavam porque eu achava que fazer uma comida caseira era me esforçar demais. Embora um lar calmo e arrumado seja bom para a minha mente agitada, eu deixava a minha casa uma bagunça porque limpar a casa era me esforçar demais.

Eu parei de me importar e de tentar, e de alguma forma eu *ainda* me sentia cansada.

Eu nem imaginava que você poderia se sentir tão exausta por não se esforçar quanto por se esforçar demais. Administrar a indiferença e o modo de sobrevivência consome tanta energia quanto administrar regras e perfeição.

> Você não precisa ser perfeita, e não precisa desistir. Você simplesmente pode ser *você*.

Ainda assim, eu dizia para mim "cabelo bagunçado, não me importo", para esconder o fato de que me importava profundamente. Eu precisava de algo que parasse esse pêndulo maluco que ficava oscilando entre se importar demais com as coisas erradas e não se importar com nada.

Felizmente, este é o presente do Gênio Preguiçoso. Você pode se importar. Pode se conhecer e ser você mesma — de verdade. Você não precisa ser perfeita, e não precisa desistir. Você simplesmente pode ser *você*.

Pare de tentar o que não importa, e não tenha medo de tentar o que importa.

Porque *vale a pena*.

O ESFORÇO NÃO É A ÚNICA COISA QUE É REAL

A nossa cultura é obcecada em ser verdadeira, mas estamos usando a medida errada.

Conforme digito essas palavras, meu filho do meio está em casa com uma intoxicação alimentar, e ele e minha filha estão assistindo televisão porque estou cansada de falar com eles. Eu não tomo banho há uns dias, e tenho brigado com o meu marido. Se eu compartilho isso no Instagram, você talvez possa pensar: *eu adoro ela por ser tão verdadeira.*

Mas se eu compartilhar um dia que estou jogando futebol com meus filhos, que o jantar está pronto às quatro da tarde, e eu estiver usando maquiagem? Eu ainda estaria sendo verdadeira?

Sim, estaria, e você também.

Eu sou totalmente a favor de deixar a perfeição de lado, mas de algum modo nós confundimos ordem com falsidade. E eu também faço isso. Quando vejo uma mãe toda fofa empurrando um carrinho cheio de produtos infantis caros da marca Joana Gaines pela loja de departamento Target, eu penso: *Ela até pode ter a barriga retinha, os filhos podem até comer pepinos em vez de salgadinhos e até estar comprando tudo o que eu gostaria, mas provavelmente ela deve ter transtorno alimentar e deve estar devendo no cartão de credito, então até que estou indo bem.* [*]

> **Eu sou totalmente a favor de deixar a perfeição de lado, mas de algum modo nós confundimos ordem com estar sendo falso.**

Eu quero parar de julgar as mulheres que têm uma vida organizada, presumindo que elas têm algo a esconder. Quero parar de aplaudir o caos como o único indicador de vulnerabilidade.

As suas lutas e inseguranças não estão alinhadas com as minhas, como se fosse um desfile. Precisamos parar de "querer ser mais real" do que os outros. Essa vida é o motivo pelo qual você e eu estamos cansadas, e podemos deixar isto para trás.

Então, da próxima vez que você estiver procurando por defeitos em pessoas aparentemente perfeitas, esperando que isso te faça se sentir melhor, pare. Dizer para si mesma que você é melhor do que alguém é tão perigoso quanto dizer que você é pior. Nós não

---

[*] Se este livro tivesse recurso de GIF, Jennifer Lawrence estaria revirando muito os seus olhos para mim agora.

conseguimos medir a autenticidade de uma pessoa com base em quão verdadeira a sua luta é. Esse tipo de medida é falha.

Em vez disso, convide as pessoas para a sua casa quando ela estiver suja *e* quando estiver limpa. Seja uma mãe maravilhosa mas que às vezes dá uns gritos com os seus filhos. Curta um smoothie verde sem sentir a necessidade de jurar nunca mais comer doces.

Você pode ser verdadeira quando a vida está em ordem *e* quando está desmoronando. A vida é bonita dos dois jeitos.

SEJA UM GÊNIO COM AS COISAS QUE IMPORTAM

Talvez eu não conheça você pessoalmente, mas eu sei de uma coisa: você se preocupa em ter uma vida significativa. Todos nós nos preocupamos. Faz parte do ser humano. E nesta cultura de jeitinhos e atalhos, é natural achar que o objetivo é fácil. Mas você não pode usar atalhos para uma vida significativa.

Você não está escolhendo ser totalmente um gênio ou totalmente preguiçosa, em vez disso, você é um Gênio Preguiçoso.

Alguns anos atrás, fiz um episódio do podcast *The Lazy Genius* sobre fazer pão. E eu recebi vários comentários que diziam "mas isso não parece nada preguiçoso". Claro que não é preguiçoso. Pão caseiro é algo que *importa* para mim. Misturar e sovar a massa na mão, passar uma tarde assistindo-a crescer, me envolver numa prática que já faz parte da humanidade por séculos... por que eu gostaria de usar um atalho para isso? Mas se fazer pão caseiro é algo que não importa para você, a escolha é fácil. Passe isso à frente e tenha um bom dia.

Os princípios do Gênio Preguiçoso irão ajudar você a aprender não apenas sobre o que precisa de atalhos, mas também como criá-los. Irão te ensinar como perceber o que importa e conquistar espaços importantes no seu dia para cultivar o crescimento nessas áreas.

Lembre-se, não se trata de ser totalmente preguiçosa ou genial, você pode escolher. Se você e eu nos envolvemos em cada prioridade sem um filtro para saber o que fica e o que precisa seguir em frente, com o tempo nos encontraremos em uma encruzilhada: esfalfando-nos, preocupando-nos com tudo ou desistindo e não nos preocupando com nada.

O Gênio Preguiçoso oferece um caminho diferente: seja um gênio com o que importa e seja preguiçoso com o que não importa.

Você tem a permissão para deixar fluir, pensar, ir devagar ou querer se apressar e continuar, apesar das dificuldades. Independentemente da sua escolha, tenha certeza de que estará focada no que importa para você e não no que importa para o Instagram, para a sua sogra, ou para aquela voz na sua cabeça que diz que você não é o bastante.

Toda escolha importa porque cada escolha importa para alguém, mas mantenha apenas aquelas que importam para você. Já que você vive como um indivíduo único, maravilhoso e poderoso, conserve as que importam e livre-se das que não importam, assim, você irá empoderar as mulheres da sua vida a fazerem o mesmo.

Estou feliz porque estamos nessa juntas.

RECAPITULANDO

- A perfeição te mantém seguramente escondida, mas também impede que as pessoas conheçam você de verdade.
- A ordem nem sempre é falsa, e o caos nem sempre é vulnerável.
- Seja um gênio com as coisas que importam e preguiçoso com as coisas que não importam.
- Use uma receita da primeira vez que for fazer rabanadas.

— UM PEQUENO PASSO —

Dê um sorriso para aquela moça bonita da loja de departamento sem julgá-la ou se julgar. Eu e você sabemos que você irá a uma loja de departamento hoje, então você já terá essa chance.

Agora vamos dar uma olhada no nosso primeiro princípio.

DECIDA UMA ÚNICA VEZ

Princípio do Gênio Preguiçoso #1

Eu não estou inovando com essa afirmação, mas eu costumava odiar as segundas-feiras.

Às vezes, eu as encarava com uma atitude de "o que tiver que ser, será", e depois ficava me lamentando com a minha xícara de café frio conforme as coisas iam acontecendo ao meu redor.

Já outras segundas-feiras tinham a dose de determinação de um gênio. Eu passava as noites de domingo obcecada, escrevendo no meu mais novo planner, organizando cada refeição que eu faria, quantos copos de água beberia, tarefas que realizaria e os versículos bíblicos que recitaria, tudo isso para nada.

As segundas-feiras preguiçosas não funcionavam porque eu não sabia o que fazer, e as segundas-feiras geniais não funcionavam porque eu me dava muitas coisas para fazer.[*]

Então, eu criei as Segundas-feiras Genialmente Preguiçosas (e muitos outros desafios) com o nosso primeiro princípio: *Decida uma única vez.*

---

[*] Os dois tipos envolviam biscoitos Oreo.

O JEITO MAIS FÁCIL DE DAR UM TEMPO PARA A SUA MENTE

As pesquisas sobre esse assunto são variadas e provavelmente difíceis de explicar, mas nós tomamos várias decisões. Tipo, *muitas.* Tomar decisões constantemente é uma das razões pelas quais você não tem energia para fazer as coisas que importam para você. Ao descobrir algumas oportunidades de decidir uma única vez e nunca mais, você dá a sua mente mais espaço para se divertir.

Você pode pensar que tomar decisões de maneira preventiva é algo robótico, mas a automação torna você um robô apenas se você automatizar tudo. Decidir de uma única vez sobre as coisas que não importam para que você tenha espaço na sua mente para as que importam é o Gênio Preguiçoso, e você experimentará os benefícios de imediato.

COMO EU CRIEI AS SEGUNDAS-FEIRAS GENIALMENTE PREGUIÇOSAS DECIDINDO UMA ÚNICA VEZ

Eu odiava a pressão das segundas-feiras porque sentia que cada decisão começava do zero. De repente, ninguém na minha família sabia de nada, desde diferenciar o café da manhã do jantar até qual seria a roupa apropriada para ir à escola. Essas incertezas pareciam tranquilas em um sábado relaxante, mas não em uma segunda-feira que precisava ser produtiva.

Já que sempre temos segundas-feiras, tive que mudar a maneira como eu as encarava, e comecei pelas minhas roupas. Escolher o que vestir requer apenas um pouco de raciocínio — mas não deixa de ser um raciocínio—, então decidi de uma vez usar um uniforme às segundas-feiras e nunca voltei atrás. Acredite, eu uso o mesmo tipo de roupa todas as segundas-feiras há mais de três anos.[*]

---

*É tudo preto e jeans. Uniforme para tempo frio: jeans preto e camisa de cambraia. Uniforme para meia-estação: camiseta preta e jeans. Uniforme para dias quentes: camiseta preta e shorts jeans.

Eu senti o impacto imediato dessa decisão e quis mais. Ao longo do tempo, eu continuei decidindo uma única vez — a que horas acordaria, qual seria a primeira coisa que faria pela manhã, o que comeríamos no jantar. Continuarei acrescentando decisões nessa lista com base no meu estágio atual de vida.

Agora eu adoro as segundas-feiras, porque todas essas decisões fixas me dão um ótimo impulso para começar o dia e a semana. Em vez de me distrair com todas as decisões que precisam ser tomadas, decidir uma única vez me dá, sistematicamente, tempo para me dedicar ao que importa. Eu tenho tempo para trabalhar no que eu amo, ler, ouvir música e ser paciente com os meus filhos enquanto eles se adaptam a uma nova semana de aulas.

Parece loucura que uma única decisão, tomada uma única vez, tenha tanto impacto, mas é isso que faz dela parte do Gênio Preguiçoso.

ONDE DECISÕES FIXAS JÁ EXISTEM

Você possivelmente não percebeu que estamos rodeadas por decisões fixas:

- **Menus de fast-foods.** Os figurões decidiram uma única vez o que constitui uma refeição e colocaram um número na frente dela, então, tudo o que você precisa dizer é: "um número dois com uma Coca-Cola zero".

- **DVDs da Netflix na sua caixa de correios.** No modelo original, você colocava os filmes que queria assistir em uma lista, e a Netflix entregaria o próximo DVD na ordem, então você não precisava decidir o que iria assistir a seguir.

- **Ritual da igreja.** Leitura responsiva, comunhão e benção são decisões fixas que ajudam você a se envolver na história de Cristo durante a sua missa no domingo de manhã.

Decidir uma única vez pode ser feito *para você,* mas o poder vem quando você decide uma única vez por você mesma.

Veja uma surpresa: cada item que você adquire é uma decisão fixa. Quando você compra uma camiseta, um novo jogo de canetas, ou um vidro de azeite no mercado, sua escolha ao comprá-los também é a de usar, guardar e cuidar.

No entanto, quando você não segue essas escolha e deixa a camiseta em uma sacola, as canetas em uma gaveta da escrivaninha que você nunca abre, e o vidro de azeite no chão da sua despensa porque ele é grande demais para caber na prateleira, você está aumentando a quantidade de entulho e confusão na sua vida, e não a facilidade e a oportunidade que as decisões fixas podem oferecer.

Então, o importante, é tomar *boas* decisões fixas — aquelas que vão acrescentar valor na sua vida em vez de tirar. Decida uma única vez, intencionalmente, sobre tudo, desde os itens no seu armário até o que está na sua agenda. Uma decisão única e intencional alivia a sua mente do esforço, o que te libera para pensar no que importa, em vez de viver em um círculo de escolhas sobre isso ou aquilo, repetidas vezes.

As possibilidades são infinitas, mas você não precisa de todas elas. Livre-se de ter que tomar 37 decisões ao final deste capítulo, 36 das quais serão esquecidas amanhã. Procure por uma ideia que funcione agora.

Vamos mencionar rapidamente alguns exemplos de projetos de vida sobre como decidir uma única vez.

DECIDA OS PRESENTES UMA ÚNICA VEZ

Em tese, você provavelmente ama a ideia de dar presentes. Oh, seja generosa na escolha de um papel de presente especial. Mas, na verdade, é complicado. Você já se esforça para realizar o que está na sua lista de afazeres habitual, então, de repente, quando aparecem situações que envolvem dar presentes, você sente uma pontada de desgosto ao ter que resolver mais uma coisa. Claro que esse sentimento parece exagerado, mas a verdade é que não nos ressentimos por ter que dar presentes, mas sim por não termos oportunidade para sermos mais atenciosas com o processo.

Você pode conhecer detalhadamente todas as pessoas da sua vida e fazer uma lista completa das coisas que elas gostam e não gostam, criar uma planilha com todos os cenários possíveis que envolvem presentes para o próximo ano, e fazer as suas compras de Natal em abril. Se isso não fizer você se sentir como se vivesse em outro planeta, vá em frente.

Felizmente, ser um Gênio Preguiçoso é muito mais simples. Vamos explorar algumas situações comuns.

Presentes para os Professores

Se você tem filhos, provavelmente eles têm professores, e você, muitas oportunidades de se estressar para escolher os presentes deles. Dia dos Professores, Natal e o último dia de aula são as três datas principais. Multiplique esse número pela quantidade de filhos que você tem, e nossa! É uma confusão de vales-presente de última hora do Starbucks e esfoliantes caseiros para os quais você não tem tempo.

Em vez disso, decida uma única vez. Escolha agora o que você dará para cada professor em cada ocasião. No Natal, eu dou um livro.* No Dia dos Professores, dou um vale-presente de uma loja de departamentos. No último dia de aula, eu escrevo um cartão agradecendo, possivelmente acompanhado de um desenho ou de um recado dos meus filhos. Obviamente, você não está restrita às minhas escolhas. Você pode fazer as suas.

E olha, consigo sentir a sua tensão. Essa parece ser a melhor ideia de todas, mas também parece que você não tem alma se realmente agir assim. Esqueça isso. Ao pensar intencionalmente e com antecedência no que seria um ótimo presente, você se poupa do estresse, do desgosto e de ficar à mercê de uma caneca de café com uma estampa qualquer que alguma loja de departamento tiver em estoque.

Tome a decisão uma única vez para tudo.

---

* O Livro da Myquillyn Smith, *Cozy Minimalist Home,* é a minha escolha atual.

Presentes de Aniversários para os Amigos dos Seus Filhos

As duas perguntas que eu sempre me faço quando recebo um convite de aniversários são: *Eu tenho de ir?* e *Eu tenho de levar algum presente?*

A pergunta sobre o presente não quer dizer que eu seja o Ebenezer Scrooge. Na realidade, estou pensando em todas as questões em potencial que o presente levanta: Será que estou contribuindo para acumulação de uma casa que não é minha? Será que estou desperdiçando minha energia procurando por um presente, já que nem sei do que a criança gosta? Será que estou me deixando levar pela expectativa cultural já estragada pelo materialismo e consumismo? *E onde será que posso me esconder?!*

Toda vez que tiver de comprar um presente de aniversário para uma criança, compre o mesmo, um quebra-cabeça, um livro, material de arte ou um vale-presente. A minha loja local de brinquedos tem um catálogo, então coloco o vale-presente dentro do catálogo e assim a criança vai se divertir escolhendo o que ela quer.

Qualquer que seja a sua decisão, a questão é: decida uma única vez. Assim, não ficará estressada quando os convites chegarem, pois você já sabe o que vai comprar.

Presentes para os Familiares

Talvez você tenha mais facilidade em escolher presentes para pessoas que você conhece bem, mas, ainda assim, você tem uma oportunidade de decidir uma única vez. O popular "algo que você quer, algo de que você precisa, algo que você vista ou algo para você ler" é a sua própria forma de decidir uma única vez quando estiver comprando presentes para aqueles que você ama. Se critérios como esses acima ajudarem, use-os.

Eu gosto de comprar um livro para o meu padrasto todo ano, já que ele gosta de ler, mas nem sempre sai para procurar livros novos, especialmente porque há uma banca de jornal por perto. O livro muda, mas o presente em si é uma decisão fixa. Minha irmã mais nova é especialista em produtos de beleza, então a minha nova decisão fixa é de sempre dar a ela algum tipo de produto de beleza que ela não possa comprar.*

Presentes para Casamento e Chá de Bebê

A decisão já foi tomada por você, se chama lista de casamento ou de chá de bebê. A presenteada está mostrando exatamente o que ela quer. Algumas pessoas acham que comprar o que está na lista é impessoal, mas, fazer a pessoa ter outra tarefa.... que será a de trocar o seu presente, também é. Não se sinta ofendida, não estou dizendo que você é uma pessoa ruim porque compra presentes com um toque mais pessoal.

Equilibre o seu presente impessoal da lista com algo pessoal. Para um chá de bebê, escolha um conjunto de macacões e inclua o livro favorito do seu filho quando ele era pequeno. Para um chá de panela, dê os potes que os noivos já escolheram e compartilhe algumas receitas escritas a mão das suas receitas preferidas, e talvez os embrulhe em uma bonita toalha de chá que você acha que eles vão gostar.

DECIDA UMA ÚNICA VEZ O QUE VAI VESTIR

Eu já mencionei meu uniforme de segundas-feiras. Escolher uma roupa na segunda sempre me fez sentir estressada, simplesmente porque eu não queria ter que tomar mais uma decisão, é por isso que meu uniforme de segundas-feiras tem sido um presente.

Na verdade, eu fiquei com vontade de levar isso mais adiante depois de ouvir a história de um rapaz que usa um uniforme. Ele encontrou a calça perfeita e comprou três iguais. Achou a sua camiseta preta perfeita e comprou sete. Ele usa o mesmo par de sapatos até que caiam aos pedaços, e só aí compra outro. Esse cara tem até várias peças de roupa íntima, tudo preto.

---

*Desculpe, Hannah— alerta de spoiler.

As possibilidades de roupas dele são felizmente limitadas, e eu fiquei bem interessada.

Naturalmente, decidir uma única vez e de forma tão extrema parece intenso. Mas também é bonito. Esse cara decidiu o que gosta de vestir e usa todos os dias. A energia mental necessária para se vestir todas as manhãs não existe. E essa decisão única define como ele organiza a lavagem de roupas, como e onde as guarda, como faz a mala para viajar e como ele adapta as suas roupas de acordo com o clima.

Você não precisa usar o mesmo tipo de roupa todos os dias para sentir os benefícios de como uma decisão fixa pode te ajudar ainda mais.

Considere vestir-se para um casamento. E se você escolhesse dois tipos de vestidos, um para os dias quentes e outro para dias frios? Você não se perguntaria se ficaria confortável ou se teria que usar uma cinta. Você pode escolher vestidos que vestem tanto casual quanto formalmente, dependendo do estilo do casamento, combinando-os com os seus sapatos e com as suas bijuterias.

Agora, preste atenção. Eu não estou dizendo que você deve ter apenas dois vestidos e roupas pretas ou, Deus me livre, não ter muitos pares de sapatos. Esta não é a questão.

A questão é que você tem a oportunidade de criar decisões fixas em áreas da sua vida que fazem você se sentir estressada. Mas, se você adora se vestir para um casamento, porque normalmente está usando jeans e camiseta, não tenha dúvidas, use seu tempo decidindo entre milhares de opções se isso lhe traz um prazer genuíno.

Decida o que vestir uma única vez somente se isso funcionar para você.

> ## UM ARMÁRIO CÁPSULA VALE O SACRIFÍCIO?
>
> Um armário cápsula não é para todo mundo, mas vamos ver no que o conceito pode ser útil para todas nós: **cada item que você possui é uma escolha fixa.**
>
> Quando você compra algo, está decidindo que vale a pena escolhê-lo repetidas vezes. Você está decidindo dar espaço — no seu armário e na sua mente.
>
> Se o seu armário está cheio de itens que não valem a pena serem escolhidos, eles estão tomando o espaço dos itens que importam e que fazem você se sentir você mesma.
>
> Mantenha no seu armário apenas decisões fixas que fazem você feliz, não importa quantos itens você tenha ou quão bem combinem.

DECIDA O QUE COMER UMA ÚNICA VEZ

A hora das refeições é outra oportunidade de decidir uma única vez. Apesar das rabanadas, eu adoro cozinhar e estar na cozinha. Alimentar as pessoas é algo importante para mim, mas isso não significa que não cause estresse.

Em vez de ser totalmente preguiçosa e não ter nenhum plano de refeição ou totalmente genial e ser uma máquina de comidas, eu sou um Gênio Preguiçoso, tornando as partes estressantes mais fáceis com algumas decisões fixas. E eu adoraria compartilhar algumas das minhas ideias.

Use os Mesmos Ingredientes

Meu maior fator de estresse é ter opções aparentemente ilimitadas. Eu quero todos os ingredientes, todos os livros novos de receitas, e tempo para fazer todas as receitas novas que aparecerem. Ah, e eu quero que meus filhos comam tudo sem reclamar.

Impossível. Sem chance.

Em vez de ficar à mercê de possibilidades infinitas e dos meus filhos, que se imaginam críticos de comida, eu decidi uma única vez que cozinharia apenas com uma lista fixa de ingredientes. Por exemplo, o único peixe que comemos é o salmão. Por enquanto, evitamos os frutos do mar. Na linha de frente dos vegetais, comemos cenoura, batata, feijão-verde, milho e muitos outros, mas atualmente dispensamos alcachofra, alho-poró e abóbora. Alguns alimentos* da lista com frequência são rejeitados na mesa de jantar, mas isso não surpreende ninguém. A medida que meus filhos apurarem seu paladar e eu encontrar mais oportunidades na cozinha e no orçamento, aumentarei a lista.

E, lembre-se, não estou limitando minha lista de ingredientes porque eu odeio comida. Eu a amo, profundamente, talvez mais do que um ser humano deveria amar uma coleção de objetos inanimados. E por amá-la, quero que minha experiência na cozinha, especialmente neste estágio com crianças pequenas, seja a mais agradável possível. Limitar meus ingredientes faz isso por mim.

Bônus: fazer da minha lista de ingredientes uma decisão fixa tornou outras decisões mais fáceis também. Escolher novas receitas é muito fácil porque evito qualquer uma que não tenha os ingredientes da minha lista. Fazer compras é mais fácil porque compro sempre as mesmas coisas. Guardar as compras é mais fácil porque eu não tenho que arrumar espaço para itens desconhecidos.

Decidir uma única vez é um facilitador. Vamos explorar outras possibilidades que tornam mais fácil cozinhar e comer.

---

* Por "alguns alimentos," quero dizer evidentemente os verdes.

Faça a Mesma Refeição Quando Receber Pessoas

Convidar novas pessoas para a sua casa pode ser assustador, então torne isso mais fácil oferecendo a mesma refeição todas as vezes. Escolha uma receita que agrade a todos e que você sinta confiança em fazer, e sempre a sirva na primeira vez que alguém for à sua casa. Pronto, agora você pode aproveitar e ser uma boa anfitriã em vez de ficar estressada com o que oferecer ou qual será o resultado. Pizza caseira é a minha opção favorita. Eu adoro fazer pizza para os meus amigos, é divertido e todo mundo gosta.*

Crie um Padrão de Refeições

Um padrão de refeições é um jeito de decidir uma única vez o que você irá comer em determinados dias da semana. Segundas sem carne, tacos na terça e comida feita na panela de pressão multiúso nas quartas são formas de decidir uma única vez.

Na minha casa, sempre temos macarrão às segundas-feiras, pizzas às sextas e sobras no sábado. Minhas escolhas dentro dessas categorias estão em aberto, mas eu já fiz uma escolha útil.

A coisa boa sobre o padrão de refeições é que é completamente personalizado. Você não precisa que eu diga o que você deve decidir uma única vez, você pode fazer as suas próprias escolhas e colocá-las onde farão sentido. Você não precisa ser totalmente específica ou até mesmo ter todos os dias preenchidos. Três dias são suficientes para mim. Menos ou mais dias pode funcionar melhor para você.

De qualquer modo, decidir uma única vez o seu padrão de alimentação cria um sistema de planejamento de refeições fácil e prático, que é a combinação perfeita entre preguiça e gênio.

---

* Certifique-se de que todos possam comer laticínios e glúten. É triste servir pizza para alguém que não pode comê-la. Pergunte-me como eu sei. (Desculpe, Lindsay!)

Otimize as Compras de Mercado

Esta sugestão não serve para todo tipo de orçamento, mas se você odeia ir ao mercado, escolha um que você goste e esqueça os outros, independentemente do que os folhetos digam.

Nós esquecemos que tempo e sanidade também são valiosos. Ignorá-los por causa de um preço mais baixo pode ter consequências maiores do que deixar de economizar alguns trocados.

Decida uma única vez onde fará as compras.

Você também pode decidir uma única vez que irá fazer compras uma vez por semana, que não vai experimentar novas marcas durante os períodos mais agitados ou fazer a sua compra pelo telefone e arriscar de vir uma ou duas bananas amassadas.

O GÊNIO PREGUIÇOSO
DE DECIDIR O QUE TERÁ PARA O ALMOÇO

- *Faça uma panela de sopa no domingo para o almoço da semana.*

- *Prepare em um pirex diversas saladas uma única vez.*

- *Compre alface e seu queijo favorito para seus sanduíches ficarem realmente gostosos.*

- *Escolha a refeição que não gere conflitos no jantar por causa de crianças exigentes, e coma no almoço. Prepare as refeições em belos recipientes de vidro para torná-las mais agradáveis.*

- *Escolha uma receita fácil que você continuará fazendo para o almoço até se cansar dela. E então, escolha outra. Não precisa se estressar para reinventar a roda no almoço.*

Criamos estresse desnecessário ao repetir decisões sobre como fazemos as compras toda vez que precisamos de comida, então encontre um jeito de decidir de uma vez e diminua o estresse.

Decida Como Limpar uma Única Vez

Eu detesto fazer faxina, e independentemente de você compartilhar desse ódio comigo, decidir uma vez pode ajudar o processo todo a se tornar mais controlável.

Otimize Seus Produtos

Quando você compra um produto de limpeza que está na promoção, um pano de microfibra especial, ou um *mop* mágico que viu no programa *Shark Tank,* você está tomando uma decisão fixa de usar esses produtos. Se você usá-los e eles adicionarem valor à sua vida, ótimo. Se você não os usa, eles se tornam entulhos.

Coisas são inimigas da limpeza, e quanto mais coisas você tiver, mas difícil vai ser limpar a sua casa. Ironicamente, quando estou insatisfeita com a minha casa, compro coisas para deixá-la mais bonita ou mais limpa, o que só piora o problema, porque acrescenta mais confusão.*

Tente comprar produtos de limpeza que sejam uma boa decisão fixa. Se você comprar um produto para cozinha, use-o. Se comprar um *mop* chique, use-o, Se comprar uma escova sanitária, limpe o vaso com ela e vá viver a sua vida (não importa quão mágico o produto seja, ele não tornará a limpeza do banheiro melhor).

Otimize seus produtos ao escolher o mínimo necessário para seus trabalhos essenciais. Não se force a escolher entre cinco produtos diferentes como se estivesse escolhendo uma lista de desinfetantes na Netflix. Escolha um deles e vá fazer sua limpeza. Você não

---

* Levante a mão se você possui não menos que quatro sprays de limpeza fechados e enfiados em algum lugar do armário só porque estavam na promoção e eram bonitinhos.

precisa desperdiçar seu tempo escolhendo algo quando você pode decidir uma única vez.

Otimize a Sua Rotina

Aspire a casa às quintas. Limpe os espelhos quando estiver tirando a poeira. Limpe o box antes de sair. Limpe o vaso sanitário antes de tomar banho porque vasos sanitários são nojentos. A sua rotina de limpeza não precisa ser elaborada, ser baseada nos dias da semana, ou mesmo ser rotineira de modo algum. Decidir uma única vez simplifica a limpeza, ponto.

Pare e pense nas tarefas de limpeza que a deixam esgotada. O que aconteceria se você tomasse uma decisão uma única vez para tornar o processo um pouco mais fácil?

DECIDA AS TRADIÇÕES UMA ÚNICA VEZ

Toda vez que eu ouço alguém falar sobre tradição, como passar as férias no mesmo local todos os verões, ou fazer cookies de Natal no primeiro final de semana de dezembro, fico inspirada e também super desanimada por não fazer nenhuma dessas coisas.

Mas, adivinha? Tradições são decisões fixas. Em vez de pensar nas tradições como marcos familiares que vão perdurar em nossas lembranças anos a fio, pense em como elas, na verdade, são somente experiências divertidas que você decidiu uma única vez.

Decida uma vez ir comer panquecas na noite anterior ao primeiro dia de aula. E se todo mundo gostar, faça novamente no próximo ano.

Decida uma única vez que irá passar a véspera de Natal de pijamas rodando de carro vendo as luzes natalinas.

Decida uma única vez montar um grande quebra-cabeça em família após o jantar de Ação de Graças.

Nós colocamos muita pressão nas tradições porque ansiamos os vínculos que elas fornecem, mas complicamos o trajeto para chegar lá. Escolha uma vez e tente.

UM RELATO: QUANDO A TRADIÇÃO SE DESFAZ NA SUA CARA

Nossa família sempre se reúne para jantar quando é o aniversário de alguém, e minha mãe faz a comida que a pessoa gosta. Desde que me lembro, é de lei ter coquetel de camarão no jantar de aniversário da minha irmã mais nova, Hannah.

Era uma tradição.

Anos mais tarde, por algum motivo que já me esqueci, tive que fazer o jantar de aniversário dela em vez da minha mãe. E perguntei a ela: "Então, o que você vai querer para acompanhar o seu coquetel de camarão?"

Ela fez uma pausa, deu um suspiro, e disse: "Na verdade, eu não gosto de camarão".

Como assim?

Décadas de memórias de jantares com camarão povoaram minha cabeça. Por toda sua vida minha irmã participava de uma tradição que ela nem gostava.

Claramente, isso pode ser uma lição sobre não ter medo de dizer o que você ama, porém é mais um aviso para não se jogar em decisões fixas disfarçadas de tradições que nem todo mundo gosta. Este é o seu alerta.

PS: Nossa família agora tem um código para começar uma conversa que talvez deixe algumas pessoas incomodadas.

Nós dizemos "Eu tenho uma situação 'camarônica'".

Talvez você esteja começando uma tradição.

Agora é hora de decidir algo— *apenas uma coisa* — uma única vez. A medida que você põe em prática esse princípio, se sentirá estimulada pela quantidade de energia mental que você tem quando é um gênio com as coisas que importam e preguiçosa com as coisas que não importam.

RECAPITULANDO

- Tome decisões fixas uma vez e nunca mais, limitando-as.
- Decidir uma única vez não faz de você um robô, e sim te dá mais tempo para ser humana.
- Você pode decidir uma única vez em qualquer área, incluindo presentear, preparar refeições, vestir-se, limpar a casa e criar tradições.

— UM PEQUENO PASSO —

Identifique o que lhe estressa e tome uma decisão fixa para torná-la mais fácil. Uma decisão, não 37.

E essa é a transição perfeita para o nosso próximo princípio do Gênio Preguiçoso: começar pequeno. Você já deve ter pego uma caneta e começado a escrever todas as suas decisões fixas, mas antes de se empolgar demais, leia o próximo capítulo.

COMECE PEQUENO

Princípio do Gênio Preguiçoso #2

Eu não sou exatamente o que você chamaria de atleta. Eu sempre era a última a ser escolhida no jogo de queimada, era uma líder de torcida que não conseguia dar uma cambalhota e estava sempre no banco de reservas do time de vôlei do ensino domiciliar.[*]

Teoricamente, isso não é grande coisa. Todos nós temos habilidades diferentes, e as minhas não envolvem correr ou ter coordenação visomotora. Intuitivamente, eu sabia que o meu valor se baseava em mais do que o quão magra ou forte eu era, porém a influência do meu pai, que não era nada legal, os comerciais de televisão e as construções sociais do ensino médio e da faculdade se voltaram contra mim. Meninas magras e bonitas chamavam a atenção. Meninas como eu, não.

Como expliquei anteriormente, um Gênio Preguiçoso é um gênio com as coisas que importam — e por muito tempo eu desperdicei energia em coisas que *não importavam:* o formato e o tamanho do meu corpo.

No ensino médio, eu era do tipo largada e me escondia. Vestia macacões largos e tinha um corte de cabelo horrível, ambos com

---

[*] Sim, alunos do ensino domiciliar têm equipes esportivas. Jogávamos contra os times de pequenas escolas cristãs e tínhamos que usar shorts enormes porque coxas de fora eram um escândalo. Eram tempos estranhos.

a esperança de que ninguém se incomodaria em olhar para mim. Funcionou, porque a maioria dos meus amigos, meninos e meninas, me apelidaram de mãe.*

Quando chegou a época de ir para a faculdade, eu tomei outra direção e tentei ser um gênio com o meu corpo. Limitei-me a oitocentas calorias por dia. Não mil e oitocentas. *Oitocentas*. Em uma tentativa de desenvolver músculos, eu ia ao centro de recreação todos os dias e usava os aparelhos para trabalhar os membros inferiores de forma tão errada que acabei prejudicando as cartilagens dos meus joelhos.† Constantemente eu me perguntava se o que eu vestia me fazia ficar bonita ou se eu era apenas uma garota me esforçando para tal.

Apesar do fato de que minha percepção do meu corpo era espantosamente distorcida, tanto ser preguiçosa quanto genial não me ajudaram nas minhas tentativas de lidar com ela. Não se importar ou se importar demais deixa você no mesmo lugar.

Estagnada.

O PROBLEMA EM PENSAR GRANDE

Poderíamos falar sobre imagem corporal, casamento ou sobre organização do armário, mas a nossa reação a muitos problemas é se esforçar demais ou desistir. Tudo ou nada. Pense grande ou desista.

Esperamos que nosso estágio de vida mude completamente, que nossos filhos cresçam, nossos casamentos melhorem, nossas casas sejam maiores e nossos corpos menores. Não convidamos ninguém para jantar porque nossa casa ainda não está perfeita, não sabemos cozinhar direito e não conseguimos colocar flores num vaso sem parecer coisa de criança.

Já que não podemos fazer tudo, então não fazemos nada.

---

* Agora eu amo ser mãe, mas quando você tem 16 anos, é um apelido devastador de ouvir dos carinhas que você acha bonitos. *Devastador*.

† Nunca vou esquecer que aos 19 anos ouvi o médico me dizer: "Você tem os joelhos de uma senhora de 70 anos". Fui de mãe para avó antes dos 20. Sensacional.

Estagnamos.

Ou usamos recomeços arbitrários como o dia primeiro de janeiro para planejar um método de A a Z para nossas casas, nossos trabalhos e nossos corpos, esperando resultados imediatos e ficando com raiva quando não os vemos. E então desistimos e tentamos a ideia seguinte.

Também estagnamos.

E pensamos, *Bem, talvez não tenha funcionado ainda porque não encontrei o método correto!*

Não é isso. O método correto é irrelevante se você ainda não identificou o que importa, e é especialmente irrelevante se você desconsidera o valor dos pequenos passos.

Pequenos passos fazem com que você se movimente.

POR QUE PASSOS PEQUENOS SÃO IMPORTANTES

Você provavelmente está pensando que pequenos passos são um desperdício de tempo, e eu já pensei como você. Eu acreditava que pequenos passos não davam grandes resultados com a rapidez desejada. Considerava-os frustrantes e inúteis e pensava, *Será que eu não deveria ser mais disciplinada e fazer mais do que só isso?*

Uma reflexão que me vez pensar diferente veio do reformador social, Jacob Riis: "Quando nada parece dar certo, vou e olho um cortador de pedras martelando sua rocha talvez cem vezes, sem que uma única rachadura apareça. Mas, na centésima primeira martelada, a pedra se abre em duas, e eu sei que não foi aquela que conseguiu isso, mas todas as que vieram antes".[1]

Não damos crédito suficiente a tudo que acontece antes, mas é justamente por isso que pequenos passos importam: eles estão fazendo um trabalho invisível, e podemos confiar nesse processo.

Você provavelmente ouviu alguém de uma geração mais velha dizer "Não há substituto para o trabalho árduo" ou "Tudo que merece ser feito, merece ser bem feito". É

> Movimento, não necessariamente uma linha de chegada, é o novo objetivo.

verdade. Mas, acabamos acreditando que se não suarmos a camisa por algo, não teremos nada em troca. E isso vale para se exercitar, lavar roupa e combater a solidão. Se não estivermos trabalhando com força total para que algo aconteça, podemos desistir até que consigamos apresentar o empenho necessário.

Esse pode ser o jeito como um gênio encara os objetivos e o crescimento, mas um Gênio Preguiçoso começa pequeno.

Pequenos passos são simples.

Passos simples são sustentáveis.

Movimento, não necessariamente uma linha de chegada, é o novo objetivo.

CERTIFIQUE-SE DE QUE OS FINS JUSTIFICAM OS MEIOS

Mesmo se você ainda for uma fã da linha de chegada, certifique-se de que é isso que realmente importa para você. Algumas dessas situações parecem familiares?

- Você acha que deve se exercitar mais, porém, está fazendo isso para emagrecer porque acha que pessoas magras têm mais valor.

- Você é uma mãe que trabalha fora, e se desdobra para fazer o jantar todas as noites porque acredita que mães que cozinham são mais valorizadas do que mães que não cozinham.

- Você se sente insegura porque nunca frequentou uma faculdade, então, estabelece metas ridículas para a quantidade de livros que lerá, achando que isso a tornará mais inteligente e, dessa forma, mais valiosa.

Não estou dizendo que você tem que fazer terapia toda vez que decidir mudar alguma parte da sua vida, mas se continua tentando algo que não te faz sair do lugar, talvez valha a pena procurar entender o porquê antes de mais nada. Se sua motivação depende de algo que realmente não importa, você se desgastará ao se esforçar demais ou simplesmente ficará estagnada novamente.

Dê pequenos passos em direção àquilo que importa, e pare de ficar estagnada.

PEQUENOS PASSOS IMPORTAM MESMO QUANDO O FIM *É* DIGNO DOS MEIOS

Eu sou nervosa e inflexível (tanto mental quanto fisicamente), e a ioga é algo óbvio para dor nas costas e para uma mente agitada de cafeína. Então, durante a maior parte dos meus 30 anos eu decidi fazer da ioga algo habitual na minha vida. Minha linha de chegada — cuidado e um corpo que nem sempre estivesse dolorido e tenso — importava para mim. E tudo o que eu precisava era fazer acontecer.

Eu tentei de tudo: "Vou fazer ioga por trinta minutos, quatro vezes por semana", mas nunca consegui fazer os quatro dias. Para encontrar o meu caminho, baixei aplicativos. Comprei o tapete e os blocos de ioga e um top berinjela para a atividade. Eu fazia checklists e colocava alarmes no meu celular. Até investi em dez aulas de *hot ioga*.*

Nada funcionava. Eu não conseguia fazer as quatro sessões de ioga de trinta minutos por semana, não importava o quanto eu tentasse, e ficava mais do que frustrada. Eu queria aprender ioga! Meu motivo realmente importava! Ninguém estava me forçando! Por que isso era tão difícil?

Porque era *grande* demais.

Mesmo que você esteja indo rumo a um objetivo que importa, pequenos passos ainda são a sua melhor aposta, porque você estará se *movimentando*. Mas, se em vez disso, colocar muita pressão em você mesma com um método complexo, passará mais tempo cuidando de sua manutenção do que realmente ganhando vitalidade.

Uma vida significativa não acontece de uma tacada só, mas em pequenas decisões intencionais, dia após dia. Precisa ser preservada

---

* Se você quer sentir como é não ter controle sobre a sua vida, comece a sua jornada de ioga nas aulas de *hot ioga*, onde você vai suar como um jogador de defesa por noventa minutos e, depois nem conseguirá dirigir até em casa porque a sensação é a de que suas pernas estão quebradas. É super divertido.

e cuidada. Nem sempre atalhos funcionam e métodos complexos são menos eficazes ainda.

Pequenos passos importam e são mais fáceis de seguir.

QUANDO PEQUENOS PASSOS PARECEM RIDÍCULOS

No dia primeiro de janeiro do ano passado, eu pensei sobre os meus objetivos da mesma maneira que qualquer outro americano típico faz no começo de ano, e eu sabia que minha conduta com a ioga tinha que ser diferente da anterior. Se eu quisesse praticar ioga habitualmente, teria que começar tão do início que seria vergonhoso.

Qual era o meu compromisso? Uma postura do cachorro olhando para baixo por dia.

Apenas uma.

Se você não tem familiaridade com a ioga, a postura do cachorro olhando para baixo é uma pose em que suas mãos e pés, ambos (de preferência) estão colocadas no chão e o seu quadril fica no ar. É a maneira de fazer a letra A com o seu corpo em um jogo de adivinhação. Tirando a postura do cadáver (quando você se deita no chão como uma pessoa morta), é a postura mais fácil que existe na ioga.

Todos os dias eu fazia a postura do cachorro olhando para baixo. Eu me inclinava, colocava minhas mãos no chão e meu quadril para o alto, ficava naquela postura respirando fundo, e depois me levantava de novo. Missão cumprida por um dia.

Sem dúvida, eu me sentia como uma idiota insistindo nessa aventura ridiculamente de baixo risco, mas estava determinada a continuar para ver se esta abordagem poderia, de fato, funcionar. Ir com tudo não funcionou, então ir devagar talvez funcione.

Por um tempo, a resposta — pelo menos da perspectiva dos resultados — foi um enfático não. Não me tornei automaticamente mais flexível, nem era absolutamente o que você chamaria de zen. Ainda assim, a minha rotina era muito pequena para me fazer desistir, então não desisti.

Uma grande vitória.

Eu fazia a minha postura de manhã ou, se esquecesse, fazia antes de dormir, e às vezes fazia nos dois horários. Ocasionalmente, fazia uma saudação do sol completa (uma conexão com várias posturas que incluía a do cachorro), o que não levava mais do que quinze segundos.

Depois de cerca de quatro meses, eu tinha progressivamente desenvolvido aquele pequeno passo inicial e agora fazia ioga uns trintas segundos por dia.

Repito: trinta segundos por dia.

Com certeza, se eu pensasse sobre isso com uma perspectiva de um gênio, a coisa toda poderia parecer boba. Que piada achar que trinta segundos de ioga pode significar alguma coisa. Felizmente, eu tinha a perspectiva de um Gênio Preguiçoso que era muito mais encorajadora. Eu havia desenvolvido um *hábito diário de ioga,* e apesar de o fato deste hábito durar tanto quanto um comercial de cerveja, eu estava realmente orgulhosa.

Eu estava indo na direção de algo que eu sempre quis.

Os pequenos passos estavam funcionando.

PEQUENOS PASSOS REALMENTE CONTAM?

A culinarista da internet, Bri Mckoy, não dispunha de longas tardes para se sentar com um livro, mas ainda assim queria que a leitura fizesse parte da sua rotina. Em vez de forçar a barra para arranjar tempo onde não havia nenhum, ela começou aos poucos, lendo dez minutos por dia antes de fazer o jantar. Só dez minutos. Geralmente, esse tempo não é suficiente para terminar um capítulo, mas ela sabia que seria um passo viável e pequeno que faria dela uma leitora. Não se *tornar* uma leitora... *ser* uma.

Você pode pensar que se não fizer algo grande, então não conta. Será que posso dizer que pratico ioga todos os dias fazendo apenas uma postura? Sim, posso, e você pode dizer o mesmo sobre qualquer passo que também decida dar.

Quanto menor for o passo, mais provável que você continue. E quanto mais você faz, mas *continuará fazendo,* tornando isso parte expressiva do seu ritmo diário, que é o que conta.

Sim, eu pratico ioga. Sim, Bri é uma leitora. Sim, você pode ir atrás do seu objetivo mesmo que esteja dando pequenos passos.

Agora, se eu der uma volta no quarteirão todos os dias, posso me chamar de maratonista? Não, porque eu nunca corri uma maratona. É por isso que ser um Gênio Preguiçoso e identificar o que é importante para você é relevante.

Se você quiser se chamar de pintora, mas o seu objetivo é ser dona de estúdio ou conseguir se sustentar com o seu trabalho, você está definindo o objetivo errado. Você não precisa ser uma profissional, apenas ser uma pessoa que pinta.

Quando você começa grande, nunca consegue ser grande o bastante. Se você acha que pensar grande é a única medida que importa, você continuará alterando as chances de sucesso e se afastando da meta.

Seja um Gênio Preguiçoso e adote o poder dos pequenos passos. Eles importam, contam, e são o melhor jeito para começar a se movimentar.

QUANDO A PEDRA FINALMENTE QUEBRA

Depois de quatorze meses da minha pequena prática diária de ioga, tudo o que eu tinha para mostrar era — uma pequena prática diária de ioga. Eu me sentia um pouco mais flexível e gostava da sensação das minhas costas estalando quando eu esticava meus braços de manhã, mas eu não consegui ficar na postura invertida sobre a cabeça ou ter as panturrilhas definidas. Eu continuava na mesma e ainda não conseguia pôr os meus pés totalmente no chão enquanto fazia a postura do cachorro olhando para baixo. Bom, a letra A que eu fazia com o meu corpo no jogo da adivinhação sempre foi um pouco torta.

Então, em uma noite fazendo ioga antes de ir para cama, comecei a saudação do sol e percebi que algo havia mudado. De repente, meus pés estavam totalmente no chão durante a postura do cachorro olhando para baixo. Eu conseguia manter uma postura de prancha baixa (o que basicamente é uma flexão para baixo) por cinco segundos inteiros sem tremer. Eu estava no fluxo que você quer estar com a ioga. Minha respiração de repente combinava naturalmente com meus movimentos, sem eu ter que pensar nisso. Foi uma noite de sábado muito divertida.

Eu tinha dado cuidadosamente esses passos incrivelmente pequenos durante quatorze meses. Quatorze meses. No passado, se eu não visse o resultado em quatorze dias, eu normalmente desistiria. E a grande ironia é que fiz progresso — não apenas no meu compromisso com a prática diária de ioga, mas também na própria prática física — e não levou quatro horas por semana para eu conseguir. Simplesmente dei o mesmo pequeno passo dia após dia.

Eu prefiro dar os mesmos pequenos passos todos os dias por quatorze meses e viver o que importa do que fazer algo grande e ficar estagnada.

Se você quer ser um gênio com as coisas que importam e preguiçosa com as que não importam, você tem que adotar pequenos passos.

Pequenos passos são fáceis.

Pequenos passos são sustentáveis.

Pequenos passos na verdade te ajudam a se movimentar, o que já é a metade da batalha, considerando suas outras alternativas, que são se esforçar mais ou desistir.

Quanto menor o passo, maior a chance de dá-lo e mais frequentemente você se envolverá no que é importante para você.

Ao observar os efeitos de escolher uma vez, você começará a notar o poder das *escolhas únicas*. Uma escolha definitivamente faz a diferença no seu dia, e como o cortador de pedra constatou, dias repletos de escolhas singulares fazem a diferença em sua vida.

MANEIRAS PRÁTICAS PARA COMEÇAR PEQUENO

Quer tomar vitaminas todos os dias? Coloque as vitaminas na bancada todas as manhãs.

Quer cozinhar todas as noites? Comece com as terças-feiras.

Quer desenvolver uma rotina de limpeza? Passe um pano na bancada da cozinha todas as noites antes de dormir. Quer caminhar com mais frequência? Coloque seu tênis perto da porta como um lembrete.

Quer ter negócios prósperos? Consiga um cliente potencial por dia.

Quer se sentir como uma pessoa? Quer se lembrar de quem realmente você é? Tire um minuto por dia para respirar fundo na porta da sua casa.

RECAPITULANDO

- Não se importar e se importar demais deixam você estagnada, mas pequenos passos ajudam você a se movimentar.
- O objetivo é o movimento, em vez da linha de chegada.
- Pequenos passos são fáceis, pequenos passos são sustentáveis e passos sustentáveis realmente te levam para algum lugar.
- Pequeno não quer dizer desperdício — todas essas escolhas únicas fazem sentido.

— UM PEQUENO PASSO —

Identifique uma área da sua vida que importa, mas na qual você costuma falhar. Escolha um passo embaraçosamente pequeno que você possa dar para seguir adiante nessa área, e então faça-o todos os dias. Não é um desperdício, pois você ainda está se movimentando.

Pequenos passos te ensinam a abraçar o poder das escolhas únicas, e o nosso próximo princípio é a escolha mais fácil e transformadora que você pode fazer.

FAÇA A PERGUNTA MÁGICA

Princípio do Gênio Preguiçoso #3

As horas depois da escola são terríveis. (Ouvi um amém?). Inevitavelmente, a hora de pegar as crianças na escola acontece quando um irmão menor está dormindo. Depois da escola, todo mundo está com fome e irritado, você tem que atuar como um divertido diretor de cruzeiro para dar conta dos deveres de casa indesejados, o sol ainda está brilhando (importante para a energia e vitamina D, mas não ajuda nos deveres de matemática), você tem que fazer o jantar e tudo o que quer é tirar um cochilo.

Você sabe que a hora está chegando. O frenesi depois da escola não deveria ser uma surpresa, mas mesmo assim pega você desprevenida.

Alguns dias eu me rendi à preguiça e deixei a loucura rolar. O caos reinou supremo, e me consolava gritando com os meus filhos e comendo um pacote de biscoitos Oreo.

Os dias de gênio não eram muito melhores. Eu fazia planos para tudo, exceto para a flexibilidade, que é possivelmente a carta mais valiosa na manga dos pais, e perdia a cabeça quando algo não acontecia de acordo com a minha programação cuidadosamente organizada.

Dias de preguiça ou de gênio não funcionavam por si só. Na hora em que meu marido chegava do trabalho, normalmente eu me parecia com alguém saída do lado errado de uma invasão de zumbis.

Eu parecia, pelo menos, antes da Pergunta Mágica se tornar parte habitual da minha vida.

Em suma, A Pergunta Mágica é esta: *O que posso fazer agora para facilitar a vida mais tarde?*

CUIDE DO NECESSÁRIO
ANTES QUE SE TORNE URGENTE

Não usar a Pergunta Mágica é como jogar Acerte a Toupeira.

No Acerte a Toupeira, você reage ao que é urgente. Uma figura de uma toupeira com uma carinha marrom enrugada surge na sua frente, e o seu objetivo é bater nela e mandá-la de volta para o buraco. Mas enquanto você se ocupa com aquela toupeira, surge uma outra. Logo, você estará batendo na máquina de forma aleatória esperando pelo melhor.

Você está assustada ao perceber como isso soa familiar, não é mesmo?

Você fica maluca porque está acontecendo tudo ao mesmo tempo: todo mundo precisa de você na mesma hora, a secadora está apitando, o carro está sem gasolina, a autorização da escola está vencendo e você ainda não decidiu o que fazer para o jantar.

A Pergunta Mágica é mais como jogar dominó. E com isso quero dizer, arrumá-los em uma fileira para serem derrubados um a um.[*] Pense na Pergunta Mágica como sendo o primeiro dominó da fila. Pergunte-se, *O que posso fazer agora para facilitar a vida mais tarde?* E continue assim. Em vez de reagir ao próximo problema urgente que vai surgir, opte por uma escolha simples, que leva a outra, e as decisões que você encara começam a cair em uma ordem mais previsível.

Lembre-se, Gênios Preguiçosos começam pequeno.

Você não precisa cuidar de várias tarefas para se preparar para mais tarde, comece com uma.

---

[*] Eu ouvi dizer que tem um jogo real com pontos, mas eu vivo com meninos do ensino fundamental. E só temos dominós para derrubar.

Você pode achar que mais é melhor, porém está errada. Ao atacar mais o problema, você está tentando eliminar totalmente o urgente, o que é comicamente impossível. Em vez disso, o seu objetivo é ficar um passo à frente para que apagar incêndios não seja parte da sua rotina. Todas nós já nos demos mal várias vezes e vamos nos dar novamente, mas você pode estar mais bem preparada ao fazer aquela pergunta mágica: O que posso fazer agora para facilitar a vida mais tarde?

Depois que começar a perguntar, nunca mais vai querer parar. Vamos ver algumas maneiras que você pode mudar sua vida com esta única pergunta simples.

ESTUDO DE CASO DA PERGUNTA MÁGICA #1: DEPOIS DA ESCOLA

O que posso fazer agora para facilitar a programação após a escola mais tarde?

Minha resposta favorita é a travessa de lanches. Antes de buscar os meus filhos na escola, pego uma boa e velha travessa e coloco todo o tipo de comida que eu encontro. Biscoitos, palitinhos de cenoura, fatias de pepperoni, uvas e um cookie grande de chocolate partido em pedaços... tudo o que eu tenho. Eu coloco a travessa na mesa da cozinha, e é como um oásis quando chegamos em casa.

Essa escolha única da travessa de lanches desencadeia um feliz efeito dominó a tarde toda. Em vez de meus filhos exercitarem as suas habilidades de debate dizendo o porquê sanduíches de sorvete devem ser considerados fruta, eles têm uma travessa com diferentes tipos de comida que podem escolher comer ou não sem argumentar. Eles estão mais ansiosos para tirar suas mochilas e lavar as mãos porque não querem ficar com os últimos pedaços do cookie de chocolate. A gente se conecta através de tangerinas e cubos de queijo, o que os ajuda a se acalmarem no conforto de casa depois de um dia agitado na escola.

A transição para o dever de casa também fica mais fácil, já que estamos na mesa e o nível de açúcar deles se equilibrou. Eu posso até fazer a Pergunta Mágica sobre o jantar enquanto estão ocupados pegando água e dividindo fatias de pepperoni.

Eu faço a travessa de lanches sempre? Não. Mas os dias em que faço são mais fáceis. Porém, não significa que os dias que não faço sejam sempre difíceis, mas é raro que o dia da travessa de lanches resulte em uma mãe nervosa. Esse é o lance com a Pergunta Mágica: não garante um resultado em particular, mas, cara, chega muito perto.

ESTUDO DE CASO DA PERGUNTA MÁGICA #2: JANTAR

O que posso fazer agora para facilitar o jantar mais tarde?

Essa versão da Pergunta Mágica é ótima, simplesmente porque podemos ver a recompensa mais claramente, já que comemos todos os dias. Dominós caem naturalmente na cozinha.

A primeira vez que enchi uma panela com água para fazer macarrão quatro horas antes do jantar, lembro-me de pensar que estava um pouco doida. O quanto aquilo poderia me ajudar de fato? Minha filha pequena pode encher uma panela com água! Então bateram cinco horas e aquela mesma filha se tornou um grude e não me largava. Eu me lembro de quase chorar porque estava muito agradecida de girar o botão do fogão em vez de tentar encher uma panela de água com uma mão enquanto segurava uma diva de dois anos no outro braço.

E então, observei o próximo dominó cair.

Como a panela com água já estava me esperando no fogão, não me estressei com a criança agarrada em mim, com quem tive que ir até a despensa para pegar tomates. Enquanto eu estava lá, vi o pacote de macarrão e achei que facilitaria as coisas mais tarde se eu também o pegasse, tudo isso com a cabeça de maria-chiquinha descansando nos meus ombros horrivelmente relaxados.

Pode parecer algo pequeno, mas uma escolha pequena pode fazer uma enorme diferença. A minha começou com uma panela com água.

Vamos ver mais respostas para esta Pergunta Mágica específica.

Decida o que Terá para o Jantar

Uma ótima maneira de facilitar o jantar é saber antes da hora o que você quer comer. Decida com antecedência o que vai ter para o jantar, assim, você pode comprar o que precisa no mercado. Faça uma lista de compras e cole-a na porta para que você se lembre primeiramente de que tem que ir ao mercado. A resposta para a Pergunta Mágica do jantar não precisa ser cozinhar, pode simplesmente ser uma decisão.

Prepare uma Receita

Digamos que você queira comer chili no jantar. Antecipe o que pode fazer agora pensando no passo a passo da receita. Você pode colocar a lata de feijões e os tomates na bancada. (Sim, eu coloco feijão no meu chili. Não me olhe desse jeito). Pode também abrir o pacote de temperos ou misturar um pouco de pimenta em pó com cominho. Você pode cortar as cebolas e o alho, colocar a panela de ferro fundido no fogão, ligar a panela de pressão multiúso na tomada ou tirar as tigelas do armário para que as crianças ponham a mesa mais facilmente. Até mesmo uma dessas ações ajudará na hora movimentada do jantar.

E se você tiver tempo para fazer tudo isso? Para tudo. Anjos vão cantar.

Faça Tarefas Comuns

Se a sua família come arroz em quase todas as refeições, vá em frente e faça uma panela. O arroz provavelmente será todo comido. E se não for consumido logo, congele. Lave os vegetais, pegue a sua tábua de corte, ou tempere o frango que você comprou na promoção. Qualquer que seja a refeição, essas tarefas vão facilitar o jantar mais tarde.

Faça uma Lista de Compras

Você está sempre esquecendo de comprar alguma coisa quando vai ao mercado? Facilite o jantar mais tarde criando uma lista, assim você sempre terá o que precisa.

Facilite essa lista mais tarde colocando um quadro de recados na sua geladeira e escrevendo "molho de soja" na primeira vez que pensar nele. E então, quando sair para fazer compras, não terá que se preocupar em copiar a lista, é só tirar uma foto com seu celular e partir. Você fez uma lista de compras e agora o jantar ficou mais fácil.

Eu poderia encher este livro inteiro com respostas para a Pergunta Mágica do jantar, mas vou poupá-las da minha *nerdice* culinária. Apenas saiba que o mundo é o seu quintal. (Ou a sua cozinha, se preferir).

ESTUDO DE CASO PERGUNTA MÁGICA #3: LAVAGEM DE ROUPA

O que posso fazer agora para facilitar a lavagem de roupa mais tarde?

Ah, a roupa suja, sempre tentando nos matar, uma pilha de cada vez. Mas a Pergunta Mágica pode ajudar.

Você pode comprar vários cestos de roupas, assim a triagem é feita em tempo real. Você pode ensinar os seus filhos como tirar as roupas sem deixá-las emboladas e do avesso, assim você não vai se ver em um turbilhão de calças do avesso e de cuecas do *Minecraft*.

Uma leitora do blog *Lazy Genius Collective* certa vez compartilhou que ela usa um saco de lavar roupas para as meias dos filhos. O saco fica pendurado perto do cesto de roupas, e as crianças vão colocando as meias sujas lá, que são lavadas e secas dentro do saco, o que facilita na hora de encontrar os pares.

Até mesmo escolher o dia da semana que você lavará um monte roupas pode ajudar. Se uma decisão reduz o estresse mais tarde, faça acontecer, mesmo que seja tão simples como "Eu lavarei minhas roupas às quartas-feiras."

ESTUDO DE CASO DA PERGUNTA MÁGICA #4: VOLTANDO DE FÉRIAS PARA CASA

O que posso fazer agora para facilitar a volta das férias mais tarde?

Mesmo que a gente ame viajar, é sempre bom voltar para casa — a menos que a casa tenha ficado de cabeça para baixo por causa do frenesi de fazer as malas. Aqui estão algumas maneiras de tornar a sua volta para casa um pouco mais animada.

Arrume Antes de Sair

Se uma casa arrumada deixa você calma, torne a volta para casa mais fácil organizando-a antes de sair. Limite as crianças ao jardim, mande-as tomar café da manhã com o seu esposo ou com o irmão mais velho, ou os coloque na minivan e use esses minutos para organizar antes de sair. Faça o que for preciso para tirá-los de casa, dê uma arrumada rápida para você ficar tranquila quando voltar.

Planeje o Jantar Antes de Chegar em Casa

Quando voltamos de férias, a despensa está vazia, então torne a volta para casa mais fácil sabendo o que terá para o jantar. Tenha uma refeição congelada, guarde algum dinheiro das férias para comprar uma pizza, ou pense em algo fácil enquanto está dirigindo de volta para casa.

Você pode pedir a entrega de um kit de refeição ou agendar em um supermercado a retirada de uma compra para quando você voltar. Se você acha que o jantar de chegada das férias deixa você estressada, faça a Pergunta Mágica para essa situação.

Desfaça as Malas Assim que Chegar

Voltar para casa das férias é estressante, já que parece que você vai levar o mesmo tempo das férias para desfazer as malas. Porém, em vez disso, torne a volta para casa mais fácil desfazendo as malas imediatamente. Provavelmente levará menos tempo do que você imagina e deixará a sua casa em paz.

Um jeito bônus de facilitar o desfazer das malas mais tarde é colocar toda a roupa suja em um único lugar durante as férias. Tenha uma fronha ou reserve uma mala para todas elas e, quando chegar em casa, não haverá necessidade de procurar aquela última meia suja em meio à bagagem.

COMO USAR A PERGUNTA MÁGICA PARA DESPERTAR O GÊNIO PREGUIÇOSO EM QUALQUER COISA

Espero que você esteja vendo o padrão aqui. Se inicialmente você não tinha nenhuma noção de como facilitar a vida mais tarde porque parecia uma ideia muito ampla e o seu tempo de café da manhã já tinha acabado, não se preocupe. Simplesmente substitua palavras diferentes aplicáveis à situação à sua frente. Você não pode ser específica demais.

No entanto, você pode complicar demais. A Pergunta Mágica é tão transformadora que você ficará tentada a usá-la para tudo, mas, infelizmente, isso coloca você de volta no território de um autômato gênio e cansado. Tente manter as coisas simples.

> A Pergunta Mágica se tornará a ferramenta favorita no seu canivete suíço do Gênio Preguiçoso por ser tão eficaz quanto simples.

Por exemplo, eu adoro o meu ritual de café matinal, mas moer os grãos do café faz barulho e pode acordar os meus filhos antes que eu esteja preparada para falar com eles. O que posso fazer agora para tornar o meu café matinal mais fácil (e mais silencioso) mais tarde? Eu posso moer os grãos à noite.* Inclusive, até coloco água na chaleira, algo bom para manhãs mais lentas, quando ainda estou sonolenta.

Durante um certo tempo eu separava tudo o que eu precisava para o meu café: uma caneca, uma colher e o pote de açúcar — tudo menos o leite que não pode ficar fora da geladeira de um dia para o outro. Talvez não seja um grande problema preparar o meu café matinal dessa forma antes de dormir, mas é desnecessário. Pegar uma colher de manhã não é algo difícil, especialmente quando ela

---

* Meu cunhado com gosto esnobe por café — digo, *aficionado* — ficará triste por eu não moer os grãos na hora em que vou passá-lo. Pelo menos, Luke, eu não estou bebendo café Folgers. Então, me dá um tempo.

está perto do creme. Na verdade, o que eu fazia involuntariamente era eliminar a alegria de me distrair com a minha rotina de cafezinho nas manhãs escuras, apenas para estar mais preparada.

Não faça nada a menos que seja verdadeiramente útil. Use o que funciona, ignore o que não funciona e não complique.

A Pergunta Mágica se tornará uma ferramenta favorita no seu canivete suíço do Gênio Preguiçoso por ser tão eficaz quanto simples. Uma pergunta com uma resposta não deveria resultar em uma recompensa tão grande, mas resulta. Os dominós caem, e você sempre vai querer mais.

PERGUNTAS MÁGICAS

- **O que posso fazer agora para facilitar a limpeza do chão mais tarde?** *Junte a família para apanhar as coisas espalhadas pelo chão e tire o aspirador do armário.*

- **O que posso fazer agora para tornar mais fácil escrever uma postagem no meu blog mais tarde?** *Grave suas ideias em um aplicativo de gravação e coloque o computador na cozinha para quando você estiver pronta para escrever.*

- **O que posso fazer agora para facilitar as compras do supermercado mais tarde?** *Coloque as sacolas reutilizáveis perto da porta e prenda uma caneta na lista de compras para ir riscando o que já comprou.*

- **O que eu posso fazer agora para facilitar a retirada do jantar do congelador mais tarde?** *Coloque rótulos nas refeições, para não ter que adivinhar o que tem em cada embalagem.*

- **O que posso fazer agora para facilitar colocar as crianças para dormir mais tarde?** *Localize todos os bichinhos de pelúcia mais amados antes de começar a escovar os dentes, para não ficar em uma busca frenética depois que acabar de contar uma história.*

- **O que posso fazer agora para facilitar o pagamento de contas mais tarde?** *Tenha uma cestinha específica para correspondências urgentes, e coloque o alarme do celular para lembrar você de checá-la a cada duas semanas.*

- **O que posso fazer agora para facilitar o lanche mais tarde?** *Use uma gaveta na geladeira para coisas de sanduíche, assim não ficará procurando onde está a alface e o queijo.*

- **O que posso fazer agora para facilitar a escolha de uma receita mais tarde?** *Folheie um novo livro de receitas e marque as que mais te inspiraram. Quando chegar a hora de escolher, atenha-se àquelas que já foram marcadas.* **O que posso fazer agora para facilitar uma viagem de carro mais tarde?** *Baixe um aplicativo que encontre lugares úteis pelo caminho e consiga encontrar, com facilidade, lugares para comer, para usar o banheiro e para entreter crianças irritadas.*

- **O que posso fazer agora para facilitar a volta da escola mais tarde?** *Faça lanches na noite anterior.*

- **O que posso fazer agora para facilitar a organização das festas de aniversários dos meus filhos mais tarde?** *Faça e congele bolinhas de massa de cookie, dessa forma tudo que terá que fazer é assá-las no dia da festa.*

- **O que posso fazer agora para facilitar o meu primeiro jantar de Ação de Graças mais tarde?** *Lembre-se de que o seu valor não está em como o seu peru se compara com o da sua sogra.*

- **O que posso fazer agora para facilitar as compras do mercado mais tarde ?** *Guarde uma moeda de 25 centavos no compartimento perto do volante e sempre a coloque de volta depois de devolver o carrinho de compras.*

- **O que posso fazer agora para facilitar a ida das crianças ao dentista mais tarde?** *Guarde os seus pontos do Starbucks para pedir uma bebida grande com um pouco de xarope clássico e creme de leite em vez de leite. Graças ao bom Deus, o Starbucks tem um drive-through.*

Recapitulando

- Pergunte, *O que posso fazer agora para facilitar a vida mais tarde?*
- Cuide do que é necessário antes que se torne urgente.
- Seja específica com a Pergunta Mágica, e desperte o Gênio Preguiçoso literalmente em qualquer coisa.

— UM PEQUENO PASSO —

O que vai acontecer a seguir no seu dia? Faça para si mesma a Pergunta Mágica e veja o que acontece.

É irresistível tornar *tudo* mais fácil, não é mesmo? Embora a Pergunta Mágica seja poderosa, ela não pode consertar tudo. A seguir, vamos conversar sobre como viver como um Gênio Preguiçoso, mesmo quando você estiver passando por um momento difícil.

VIVA A ESTAÇÃO

Princípio do Gênio Preguiçoso #4

Eu tive meu segundo filho duas semanas depois do meu primeiro fazer dois anos, e não me lembro de nada daqueles dias.[*] Estava excessivamente cansada e vivia em uma confusão de roupas sujas e de comidas assadas no forno, e tenho certeza que sempre estava cheirando a golfada de bebê. Tudo daquela época se confunde em uma grande memória de exaustão.

Eu não gostei daquela época da minha vida e ficava empolgada em saber que algum dia ela acabaria. Na verdade, eu me lembro de jurar de modo sombrio, como se fosse um cavaleiro da corte do Rei Arthur, que nunca mais teria outro filho e, portanto, nunca mais passaria por aquele período. Eu amo bebês, e vou segurar os seus com grande prazer, mas no que diz respeito aos estágios infantis, as fases de bebê e as de quando estão começando a andar não são as minhas favoritas, e elas são bem próximas uma da outra!

Eu estava decidida. Sem mais bebês.

E foi por isso que quase tive um colapso nervoso quando, quatro anos mais tarde, eu estava dentro de um banheiro sujo de uma academia de kickboxing fazendo xixi em um teste de gravidez, e depois de terríveis dez segundos vi a marca digital dizendo GRÁVIDA em

---

[*] Desculpe-me meu doce Ben. A narrativa do filho do meio continua.

letras garrafais.* Sentei-me em um banco naquele banheiro infeliz, e fiquei paralisada com o choque.

Eu estava quase colocando o meu filho mais novo no jardim de infância e prestes a ter bastante tempo livre *todos os dias,* em que ficaria totalmente sozinha. Eu tinha planos com *P* maiúsculo, e uma gravidez inesperada definitivamente não combinava com eles. Eu pensei que a minha temporada com bebês recém-nascidos tivesse acabado. Quando descobri que não, fiquei sinceramente devastada.†

A CULPA DE QUERER ALGO DIFERENTE

Viver a sua estação da vida é complicado porque todos nós compreendemos as nossas estações diferentemente. Você tem uma personalidade e anseios diferentes dos seus amigos da igreja, dos seus colegas de trabalho ou das mulheres que vê na internet, então, quando você está vulnerável com as dificuldades que encontra na sua estação de vida atual, abre as portas para que outros se sintam ofendidos e rejeitados nas deles.

A culpa que senti por estar triste com a minha gravidez era paralisante. Como eu me atrevia a sofrer por algo que seria um ganho para tantas outras pessoas? Como eu poderia, em sã consciência, compartilhar a minha tristeza por estar grávida com amigos e familiares que queriam desesperadamente ter um bebê ou que haviam sofrido um aborto espontâneo, perdido um filho para o câncer ou tantas outras coisas horríveis?

É o bastante para mantê-la intimamente ressentida com a sua estação da vida.

---

* Sim, *eu sei* que uma academia de kickboxing é um lugar estranho para se fazer um teste de gravidez. Se soubesse que iria dar positivo, obviamente teria escolhido um lugar diferente.

† Annie, eu te amo muito, e a nossa família precisava de você. Você ainda não sabe ler, mas se algum dia ler *isto,* somos loucos por você. Talvez um dia você se encontre grávida e não tenha certeza de como se sente sobre a gravidez. Não se sinta culpada por isso, nem mesmo por um segundo. Amor e confusão podem existir no mesmo lugar, minha menina. Você ficará bem.

Por isso que pensar como um Gênio Preguiçoso é tão importante. Você pode desejar coisas que outras pessoas não desejam. Pode ter dificuldade com algo que dá alegria para os outros. Pode se dedicar ao que é importante para você, mesmo que não tenha importância para os demais, e todos nós podemos existir juntos nessa tensão, com amor e compaixão.

Se você passar por uma estação difícil na sua vida sem identificar o que importa e o que não importa, será esmagada pelo peso da expectativa e perspectiva de outras pessoas sobre como a sua estação *deveria* ser. Por exemplo, trabalhar fora é um grande privilégio, e muitos pais amariam passar um tempo longe dos filhos. Porém, ficar em casa também é um grande privilégio, e muitos outros pais adorariam usar esse tempo com as suas crianças.

> Você pode desejar coisas que outras pessoas não desejam. Pode ter dificuldade com algo que dá alegria para os outros. Pode se dedicar ao que é importante para você, mesmo que não tenha importância para os demais, e todos nós podemos existir juntos nessa tensão, com amor e compaixão.

A dificuldade da estação da vida fica mais forte e opressiva se você não identificar o que importa. Caso contrário, você está à mercê das expectativas dos outros e irá misturar uma estação com oa outra ou desistir de vez. Irá se esforçar demais ou desistir.

O TUDO OU NADA DE QUERER ALGO DIFERENTE

Se você está passando por uma estação da vida desafiadora, provavelmente quer sair dela. Você pode estar cansada de esperar pelo que estiver do outro lado do anseio, e estar se sentindo exausta pela culpa de desejar algo mais. Talvez seu desafio seja um trabalho que você odeia, filhos que te deixam cansada ou a falta de dinheiro. Talvez esteja esperando por um cônjuge, pelo divórcio ou esperando para finalmente experienciar uma adoção.

A frustração com as circunstâncias atuais é algo real e normal, mas se você sempre está olhando para trás ou para além de onde está, o descontentamento será um parceiro ansioso sussurrando no seu ouvido:

Vai ser sempre assim.

Não tem saída.

Como você aguenta fazer isso por mais um dia?

A reação preguiçosa é desligar-se, deixar o presente entregue a seus próprios recursos. Você evita a dor, ignora as lições de vida e simplesmente abaixa a cabeça. Ninguém olha para uma temporada difícil e decide: *Eu quero me sentir infeliz até que isso acabe.* Mas ao se desligar você está fazendo uma escolha. A tensão entre renúncia e esperança parece demais para suportar, então você simplesmente se bloqueia.

A reação do gênio é forçar uma estação da vida a se parecer com outra. Você não gosta de mudar ou deixar para lá, então se prende fortemente na maneira como as coisas eram, e exige que a sua estação atual combine ou seja parecida com ela. Talvez você seja a mulher grávida bem-intencionada declarando que não deixará um bebê mudar o seu relacionamento com o seu marido. Silenciosamente, você jura: *Continuamos sendo nós mesmos.* Isso é verdade, só que agora você está com um bebê. E um bebê traz grandes mudanças.

O que você faz com isso? Como você pode lidar com as tensões de uma temporada difícil, de longos períodos em que gostaria que a vida fosse diferente, de mudanças que você não esperava?

Felizmente, você não precisa se desligar ou resistir.

Existe outra forma: o jeito de Gênio Preguiçoso de viver na sua estação.

NEM SEMPRE SERÁ DESSE JEITO, MAS É DESSE JEITO AGORA

Viver a sua estação não significa minimizar o que está acontecendo, fingir que está tudo bem e que "Deus tem um plano" e "Ele não te dá um fardo que você não possa carregar", e outras frases motivacionais vazias.

Viver a sua estação não significa tentar mudar tudo para fazer a sua situação atual parecer do jeito que você gostaria.

Viver a sua estação significa deixar as suas frustrações fluírem, mas não ficarem no comando.

Recebo, com frequência, perguntas de leitoras do blog e ouvintes do podcast que querem ajuda com alguma situação em particular, e essas perguntas estão quase sempre ligadas ao seu momento atual. Por exemplo, uma mãe de dois filhos que viaja com dois times diferentes de beisebol me pediu dicas para reunir a família no jantar, mesmo que muitas vezes eles só voltem dos jogos após às oito.

Minha resposta? Essa não é uma temporada da vida para jantares em família à mesa. Aceite a frustração de jantares apressados, lamente por não estarem juntos na hora do jantar, e não tente forçar que a sua nova temporada seja igual a uma antiga da qual você tanto gostava.

> **Viver a sua estação significa deixar as suas frustrações fluírem, mas não ficarem no comando.**

Uma outra leitora estava totalmente confusa sendo mãe de dois bebês. Ela tinha um filho de dois anos e outro de dois meses e não conseguia entender por que não tinha nenhuma motivação para fazer o jantar, dar conta da roupa suja ou ter uma conversa adulta com o marido no final do dia. Ela escreveu: "Eu não sei o que aconteceu, e não sei como consertar". O que estava acontecendo era uma nova estação na vida, e não precisava ser consertada porque ela não estava fazendo nada de errado.

E nem você precisa. Nem sempre será desse jeito, mas se está acontecendo agora, você pode aprender a viver na sua estação e deixá-la ensinar algo a você.

FAÇA A PRÓXIMA COISA CERTA

Conforme você vive a sua estação, aceite ser honesta sobre como você se sente *e* esteja disposta a aprender com o que vai descobrir. Preste atenção no que está à sua frente e pare de tentar adivinhar o que vai acontecer.

A escritora Emily P. Freeman diz para fazer a próxima coisa certa com amor,* e eu digo a vocês que não há um mantra mais poderoso para viver o seu momento.

Não se deixe levar pelo que foi ou poderia ter sido. Comece pequeno com o que está bem na sua frente.

Faça a próxima coisa certa. Avalie o próximo pensamento verdadeiro. Lave algumas roupas e não sinta-se mal pelas outras. Limpe apenas uma única bancada da cozinha. Abra uma janela. Ligue para uma amiga (e quando ela atender, diga prontamente que ninguém morreu, porque é isso que achamos hoje em dia quando um amigo nos liga).

Comece pequeno.

Claro, nem sempre a sua estação difícil na vida será desse jeito, mas, quando *for,* faça uma pausa. Em vez de se obrigar a um monte de emoções mais agradáveis ou ignorar os seus desejos, seja conscienciosa e generosa. Veja a sua estação como um convite para ser humana, para identificar o que importa e para reforçar quem você já é.

Você não deve ter medo do estresse ou da tristeza. Não precisa entrar em pânico quando as coisas saem de controle. Você não precisa fugir de uma estação da vida que parece exigir mais do que pode dar. Envolver-se com a tristeza, mas não deixar que ela imponha as suas decisões, é uma prática para se tornar um gênio com o que importa.

Viver a sua estação da vida lembra a você que começos, meios e fins merecem a sua atenção e bondade, e que você não precisa aprová-los depressa.

Apenas faça a próxima coisa certa.

Como disse uma vez nosso popular apresentador Mister Rogers: "Muitas vezes quando você acha que está no fim de alguma coisa, está no começo de algo mais".

---

* Ela escreveu um livro inteiro sobre esse assunto, *The Next Right Thing,* e é um tipo de irmã mais velha gentil e sábia de *O Gênio Preguiçoso.*

Talvez o seu algo mais seja se fortalecer em quem você já é, uma estação de cada vez.

APRENDA COM AS ESTAÇÕES DA NATUREZA

Estou escrevendo essas palavras em meados de março, e a primavera está desabrochando. Noite passada, uma amiga e eu tivemos uma conversa sobre, de repente, sentirmos alguma coisa no ar. Nós duas praticamos métodos regulares de minimizar as coisas e de limpeza, porém temos o mesmo desejo de abrir todas as janelas, largar o Pinho Sol e ir dar uma volta na cidade. A primavera chegou.

Assim como as estações da vida, as estações da natureza trazem sentimentos que não escolhemos, mas, temos que experimentar. Eu passaria sem o verão e sem a estação estressante de ter um recém--nascido, mas mesmo assim ainda tenho que vivê-las.

Se estar presente na sua estação da vida for como sentir o vento, envolva-se na prática imediata de aprender com as estações da *natureza*. Experimente os ritmos do clima, das plantas e dos feriados. Em breve verá que adotar os ritmos da natureza lhe dará vocabulário para se envolver na estação da sua vida, independente de qual você esteja.

Primavera

A primavera é repleta de novos começos e novas vidas. Os dias são mais longos, o sol brilha mais forte, e você começa a perceber coisas que de alguma forma deixou passar nos meses de inverno, como aquela camada de poeira no rack da televisão.

Naturalmente, você começa a usar roupas para um clima menos frio, o que faz você valorizar o que tem (todo o seu amor pelas camadas de roupas) e a se desfazer do que não usa mais, normalmente alguma coisa comprada na sessão infantil da sua marca favorita.

As flores desabrocham no quintal, e você limpa uma área bagunçada para dar espaço a um vaso de margaridas. Pássaros voam ao redor da sua janela procurando um bom lugar para um ninho, e você se vê olhando para fora com mais frequência, aproveitando a simplicidade das folhas, do céu e dos pássaros.

A primavera naturalmente estimula vida nova, nas árvores e nos ninhos de pássaros, no seu guarda-roupas e na sua mente. Aproveite a esperança da primavera e veja o que ela pode lhe ensinar.

Verão

O verão é a estação que menos aprecio. Mas, mesmo assim, sigo em frente e me preparo. Depilação, queimadura de sol, mosquitos. . . *faça parar.*

Mas o verão também tem seu lado bom — o mais notável: um lembrete para se divertir e aproveitar o tempo. Mesmo que você trabalhe de nove às cinco da tarde e não tenha férias no verão, ainda existe um espírito de diversão no ar. Você reaprende como é passar o dia inteiro na água ou no parque. As refeições acontecem de acordo com a fome e não com os horários. Você visita lugares novos e perambula tanto quanto as perninhas dos seus filhos permitem.

De alguma forma, a vontade de deixar as pessoas visitarem a sua casa acontece mais facilmente. Você convida seus amigos para hambúrgueres e cervejas depois do trabalho. Toma sorvete todos os dias e se lembra de como é deliciosa uma limonada. O cheiro de protetor solar te remete ao tempo em que você era uma criança na praia, e você tenta não gritar enquanto o espalha nas suas crianças inquietas.

O verão nos lembra como amamos rotinas e que podemos sobreviver sem elas. Relaxe na tranquilidade do verão e veja o que ele tem para lhe ensinar.

Outono

O outono é a época da volta às aulas [nos Estados Unidos], da volta da rotina e das festas de fim de ano que se aproximam. O outono é a época mais amada pela maioria por causa dos lenços, das botas e do café *pumpkin-spice latte*.

Embora eu adore a mudança de clima e de roupas tanto quanto qualquer outra pessoa, o outono tem um ponto fraco secreto de estresse. Tudo começa a exigir sua atenção e de repente você está, mais uma vez, atolada até o pescoço com tarefas urgentes. Você sai do ritmo lento do verão para o desafio da programação do outono, e é fácil sentir como se estivesse se afogando rapidamente.

No entanto, se prestarmos atenção, todas as estações têm algo para nos ensinar, e o outono é a estação perfeita para decidir o que importa na sua agenda e na lista de afazeres. Você não pode fazer tudo o que os outros estão fazendo, então escolha um propósito. Use o ritmo natural da estação para se permitir descartar o que lhe incomoda, e assim utilizar sua energia para ser um gênio com as coisas que realmente importam.*

Agarre-se no frenesi do outono e veja o que ele pode lhe ensinar.

Inverno

O inverno tem dois lados.

Antes do Natal, o inverno é divertido e radiante, cheio de presentes e promessas. Saímos com amigos, assamos cookies, assistimos pela sétima vez *The Muppet Christmas Carol* . . . . Sim, é uma época corrida, mas que vale a pena pela diversão.

E então tem o inverno, no hemisfério norte, depois do Natal. O brilho é substituído pelo tédio trazido pelo confinamento dos dias gelados, pelos presentes de Natal que já foram rejeitados e pela culpa das resoluções de Ano Novo que não foram cumpridas.

Você pode aprender e aproveitar com ambos. De um lado, feriados emocionantes lembram da sacralidade da família e da tradição, da magia das celebrações e da perfeição das músicas de Natal. Do

---

* O outono é um ótimo momento para comer em tigelas e aprender a fazer pão. Não é uma regra, apenas uma sugestão sazonal, se você gostar desse tipo de atividade.

outro, o intervalo pós-comemorações tem a calma que você precisa depois de toda aquela festa. Você pode aceitar a quietude e a escuridão como um presente para diminuir o ritmo, dormir mais cedo, aproveitar pantufas, roupões e canecas quentes e cheias. Pode aproveitar o que o inverno tem a oferecer e até apreciar ainda mais a primavera, quando ela chegar.

Renda-se a esses contrastes do inverno e veja o que eles têm a lhe ensinar.

AS ESTAÇÕES SÃO MAIORES DO QUE VOCÊ

Quando você anseia que uma estação da sua vida faça sentido ou deseja que ela lhe traga alegria, a natureza gentilmente oferece lembretes e avisos, não respostas e planos fixos. O inverno, a primavera, o verão e o outono ajudam você a se lembrar não apenas de onde você está, mas também de que onde você está não é tudo que existe.

Então, sempre que eu tento criar um método para passar por uma estação desafiadora da vida, o mundo natural responde: *Gente, eu tenho passado pela vida e pela morte há algum tempo. Eu entendo a mudança, então vamos enfrentá-la juntos.*

O sol nasce.

A neve cai.

O bebê começa no jardim de infância.

Os pais morrem.

A transferência no trabalho acontece mais cedo do que você esperava.

A criança, que um dia achava que você era tudo, já não fala mais tanto com você.

O marido que lhe escolheu muda de ideia.

Não estou tentando deixar você para baixo, mas a vida é difícil. Você está magoada e cansada e tem histórias que ninguém sabe, exatamente assim como eu e a moça bonita na loja de departamentos.

Você também pode ter a tendência de ver os seus motivos como fator essencial e esquecer que tem muita coisa acontecendo dentro de você e ao seu redor, quer perceba ou não. Quanto mais você se concentra no que falta na sua estação da vida, mais se ressente, mais se compara, se desespera e geralmente se frustra. Você também perde as coisas boas que estão bem na sua frente.

Em vez disso, esteja onde você está.

Faça a próxima coisa certa.

Viva a estação da vida em que você está de braços abertos para poder receber o que ela tem a oferecer.

Não estou dizendo que é fácil, seria uma mentira deslavada. Mas as estações são maiores do que você. Elas vêm e vão, e sempre convidam você a se tornar mais quem você já é.

> **Ser um Gênio Preguiçoso não significa ter que amar todas as estações, significa dar boas-vindas gentilmente a cada uma delas e deixá-las lhe ensinar algo.**

Ser um Gênio Preguiçoso não significa ter que amar todas as estações, significa dar boas-vindas gentilmente a cada uma delas e deixá-las lhe ensinar algo.

A SUA PERSPECTIVA SAZONAL

Se a mãe das crianças que viaja junto com os times de beisebol vir essa estação maluca da vida como uma perda, como algo que não se encaixa no jeito como as coisas "deveriam ser", ela ficará mal-humorada e ressentida e vai querer que seus filhos joguem xadrez. Mas se ela reconhecer a dor que sente nessa estação da vida *e* aceitar o que isso pode ensiná-la, experimentará uma mudança de perspectiva.

> **Alcançar o ideal força você a tentar demais porque a sua estação da vida não é suficiente, ou força você a desistir porque nunca será suficiente. Em vez disso, viva na sua estação e fique satisfeita onde você está.**

Não é uma estação da vida para jantares em casa em volta da mesa, mas *é a estação para piqueniques na parte de trás do carro*, entre os jogos, para cafés da manhã em família, e para botar a conversa em dia durante o caminho de carro para a escola. A situação não é a ideal, mas o ideal não é o objetivo.

Alcançar o ideal força você a tentar demais, porque a sua estação da vida não é suficiente, ou força você a desistir, porque nunca será suficiente. Em vez disso, viva na sua estação e fique satisfeita onde você está. Se estiver cuidando de um recém-nascido, esperando por um trabalho novo, ficando à mercê da agenda de ginástica da sua filha talentosa, ou simplesmente esperando a senhora na sua frente encontrar o troco certo, *fique satisfeita onde estiver*. Aproveite o que está acontecendo agora ao seu redor e não presuma que o jeito que você vive agora será da mesma forma para sempre.

As estações mudam, e você também.

RECAPITULANDO

- Você pode se importar com as coisas que são importantes para você sem se culpar.

- Faça a próxima coisa certa.

- Tanto as estações da natureza quanto a sua estação particular da vida têm algo a lhe ensinar, se você for viver em sua estação e se você estiver satisfeita onde está.

— UM PEQUENO PASSO —

Olhe pela janela. Olhe para o chão. Olhe para o céu. Perceba o que a estação quer lhe ensinar neste exato momento. Eu sei que este é um conselho irritante, porém, o que é mais irritante é que ele ajuda de fato.

À medida que você aprende a viver a sua estação da vida, a rotina será uma das ferramentas mais úteis no seu canivete suíço do Gênio Preguiçoso. Quando o seu calendário está cheio e a sua vida íntima parece exposta ao vento, é bom ter a estabilidade das tarefas diárias para lembrá-la do que importa. No próximo capítulo, vou ajudar você a criá-las.

DESENVOLVA AS ROTINAS CERTAS

Princípio do Gênio Preguiçoso #5

A quarta série foi um ano louco para mim.

Grande mudança #1: meus pais se divorciaram. Minha mãe tentou fazer as coisas darem certo com o meu pai durante toda a minha infância, mas com frequência ele nos deixava por meses, às vezes, anos seguidos. Quando eu estava na quarta série, ele oficialmente deixou a família depois de ter ficado longe por dois anos.

Grande mudança #2: minha mãe ficou noiva de um amigo que ela conheceu um ano antes. Ele é o meu padrasto há 28 anos, e é ótimo. Mas na época, eu o via como o cara que estava tentando ser o meu novo pai.

Grande mudança #3: eu saí da minha escola. Eu frequentava uma pequena escola cristã até então, e nos últimos anos tinha bolsa de estudos. A bolsa de estudos acabou no final da terceira série, então minha mãe decidiu me dar aulas em casa, em parte porque não podíamos pagar a mensalidade, mas principalmente porque ela queria estar conectada comigo durante essa provação.

Cada pessoa lida com a loucura de maneiras diferentes, e caso eu ainda não tenha deixado isso claro, meu método favorito é manter as coisas em ordem. Penso que quanto mais eu controlar, mais segura estarei.

A princípio, eu estava zangada com o ensino domiciliar, mas como a minha mãe sabia o que eu precisava para passar por aquela transição, ela me deixou no controle. Então eu ajudava na escolha dos livros didáticos, fazia listas das minhas tarefas e marcava o que tinha sido feito ao longo de cada dia, e escolhia a hora da pausa para o almoço. Eu amava cada parte daquilo.

A rotina de sentar no mesmo lugar, e na mesma hora, todos os dias, estudar nos mesmos cadernos e assistir aos mesmos vídeos enquanto comia o mesmo almoço* era como um remédio. A segurança desses dias me lembrava que eu estava bem.

Este é o presente da rotina: ela oferece um lugar confortável para se ficar.

O VERDADEIRO PROPÓSITO DE UMA ROTINA

Talvez você deseje a rotina para ter algum senso de controle, e tudo bem. Sentir-se sem controle não é divertido, e é normal querer manter uma distância segura dessa emoção.

> No entanto, chega um ponto em que buscar desesperadamente o controle faz você se sentir cansada em vez de segura.

No entanto, chega um ponto em que buscar desesperadamente o controle faz você se sentir cansada em vez de segura. Você tenta ser um gênio com a rotina, tornando-a (e se tornando) rígida e autômata. Se não seguir a sua rotina cuidadosamente programada, parece que tudo vai desmoronar. E novamente você está se esforçando demais.

Eu estou começando a achar que a essa altura você já sabe qual é a maneira preguiçosa para encarar a rotina: simplesmente desistir. A rotina é para pessoas falsas que não gostam de ser bagunceiras, então você se deixa levar pelo fluxo. Além do que, você gosta de dormir

---

* O vídeo era um episódio de *Kids Incorporated* que gravamos em fitas VHS durante um *preview* gratuito do Canal da Disney, o lanche era sanduíche de banana com maionese, minicenouras e biscoito recheado de chocolate da marca Pop-Tart. Era o almoço dos deuses, minhas amigas.

muito para acordar às cinco para uma rotina matinal, então basicamente toda forma de rotina está fora de cogitação.

Novamente, o Gênio Preguiçoso não é nenhum desses extremos, graças a Deus. Lembre-se de que ser um Gênio Preguiçoso significa que você tem permissão para se dedicar ao que importa para você, e rotinas simples podem lhe ajudar a fazer exatamente isso.

Talvez manhãs calmas importem, mas agora você se sente como um tubarão lutando contra um frenesi alimentar apenas para conseguir tomar o seu café quente. Talvez estar concentrada no trabalho importe, mas você parece que não consegue focar em nada além dos vídeos do Jimmy Fallon. Talvez noites tranquilas com o seu pessoal importe, mas você adormeceu no meio da reprise de *Parks and Recreation*. Jimmy Fallon e cochiladas no sofá são coisas ótimas, mas se você quer passar as suas horas de trabalho e suas noites de uma maneira diferente, rotinas podem ajudar.

Você pode pensar que a rotina nada mais é do que fazer as mesmas coisas na mesma ordem todos os dias, só que não é bem assim. As rotinas são feitas para levar você a algo mais.

ROTINA COMO UMA RAMPA DE ACESSO

Uma rotina matinal *orienta o* seu dia. Uma rotina após a escola *direciona* você e seus filhos para a execução do dever de casa, para o jantar, e para as crianças que parecem um disco arranhado dizendo: "Quando posso ver televisão?" Uma rotina noturna *conduz* você a regular a sua casa ou a si mesma para o dia seguinte. Uma rotina de trabalho *ativa* uma parte diferente do seu cérebro para que você execute tarefas.

> Rotinas são rampas de acesso para outros lugares, e não os próprios destinos.

Rotinas são rampas de acesso para outros lugares, e não os próprios destinos.

Se eu vir a rotina da hora de dormir dos meus filhos como destino, eu sirvo a rotina em vez de a rotina me servir. Quando a rotina está no comando, meus filhos nunca ficam acordados até tarde para ver os fogos do feriado ou ficam acordados durante toda a festa de Natal da família.

Mas e se a rotina for apenas uma rampa de acesso para um propósito específico? A rotina da hora de dormir dos meus filhos os ajuda a cair no sono mais facilmente e a se sentirem amados e seguros. Esses são os destinos que importam.

Embora a rotina nos ajude com frequência a caminhar na direção daquilo que importa, não é o único jeito para chegar lá. Meus filhos podem facilmente dormir em seus pijamas no carro a caminho para casa. Podem se sentir seguros e amados por estar com o seu pessoal e ter experiências legais fora das regras.

DISCURSO MOTIVACIONAL

Estranhamos a ideia de uma rotina de escolhas intencionais. A rotina matinal de outra pessoa de acordar às cinco da manhã para ler a Bíblia, se exercitar e fazer tudo o que você acha que deveria fazer resulta em irritação e vergonha.

Adotar regularmente uma rotina matinal revigorante não torna você melhor ou pior do que alguém que aperta o botão soneca cinco vezes ou ignora as rotinas por completo. Você tem permissão para se dedicar ao que é importante para você, assim como as outras pessoas também.

Por favor não se julgue ou julgue os outros. Em vez disso, parabenize as pessoas por estarem vivendo suas verdades, independentemente de quão semelhantes ou diferentes forem das suas.

> **Ironicamente, quando você deixa a rotina no comando, acaba perdendo o que realmente importa.**

Ironicamente, quando você deixa a rotina no comando, acaba perdendo o que realmente importa.

Se você quer criar as rotinas certas, primeiro precisa identificar para aonde está indo e por que esse destino realmente importa.

O QUE CHRIS HEMSWORTH PODE ENSINAR SOBRE ROTINA

Não ter uma rotina é como saltar de paraquedas, e ter uma é como surfar.*

No paraquedismo, existe *dentro do avião* e *fora do avião*. Claro, há um aumento gradual da emoção enquanto você espera sua vez de saltar, mas com o processo não há nada de gradual. Ou você está dentro ou está fora. Esperando ou gritando. Na realidade, isso se traduz em ser acordada por uma criança de 4 anos pulando na sua cara.

Em contraposição, rotinas são mais como surfar.

Chris Hemsworth (de nada) está lá fora com a sua roupa de surfista, em cima da sua prancha, respirando fundo e pacientemente esperando pela próxima onda. Quando ele vê uma formação, faz os mesmos movimentos: primeiro rema para entrar no ritmo da onda e depois fica de pé quando consegue pegá-la.

Às vezes a onda é pequena e ele cai. Às vezes a onda é muito grande e ele a surfa. Às vezes se desconcentra e é derrubado da prancha. Não importa o resultado, o processo inicial é sempre o mesmo e tem o propósito de *levá-lo para algo mais*.

Uma rotina é um ato de preparação repetível, não um destino.

Pergunte a si mesma: *No que eu gostaria de estar sempre melhor preparada? Que hora do dia ou que atividade específica me faz sentir como se eu estivesse sendo empurrada para fora de um avião?*

É aí que você cria uma rotina.

COMO CRIAR UMA ROTINA

Agora que você já sabe a área onde precisa de uma rotina e entende o seu próprio contexto, é hora de criar uma. Vamos às etapas.

---

* Eu nunca pratiquei nenhum dos dois esportes porque eu morro de medo de altura e de água, mas eu finjo que sei do que estou falando, mesmo que meu entendimento sobre o assunto venha da televisão e do Google.

1. Comece Pequeno

Se você quer ser um Gênio Preguiçoso em relação à sua rotina, comece com uma que seja pequena o suficiente para que você possa levá-la adiante. Se você criar uma grande, não dará continuidade. Lembra de como os meus grandes planos para a ioga não funcionaram, mas a minha insignificante postura do cachorro olhando para baixo funcionou? Comece pequeno.

Quando você aprende a surfar, nem começa na água. As lições começam na areia, com você deitada de barriga para baixo e então se levantando na prancha para poder se acostumar com a sensação. Um passo pequeno gera outro, todos preparando você para algo mais.

2. Deixe o Seu Primeiro Passo se Destacar

No livro *A Única Coisa,* os autores Gary Keller e Jay Papasan apresentam algo chamado de Pergunta Foco: "Qual a ÚNICA coisa que eu posso fazer de modo que, ao fazê-la, o restante se torne mais fácil ou desnecessário?"[2]

Crie sua rotina em uma única ação que torne todas as ações seguintes mais fáceis ou desnecessárias, e você se sentirá preparada mesmo quando a rotina for interrompida. Na verdade, pode ser que você não precise de dez ou vinte passos, quando o primeiro faz um trabalho tão bom.

Se você está querendo ser mais produtiva ao se sentar em sua mesa de trabalho, existem provavelmente muitas coisas que podem lhe ajudar, mas talvez tocar um certo tipo de música supra a falta de uma de lista de afazeres ou daquele cafezinho motivacional para começar.

Explore o que é eficiente para você e comece a sua rotina com esse passo único.

3. Lembre-se para Aonde Está Indo

Sempre que listas e etapas entram na conversa, é fácil esquecer que elas não são a questão. Estar preparada para o que importa é que é a questão.

As rotinas não são feitas para controlar o seu ambiente ou colocá-la em uma vida como a do filme *Feitiço do Tempo**, em que se revive o mesmo dia repetidas vezes. Elas pretendem lembrá-la o que você valoriza, antes que a vida fique tão atribulada que você se esqueça.

Vamos começar a criar algumas rotinas juntas? Vamos começar com a matinal já que muitas de nós já temos uma.

UMA ROTINA MATINAL

O que importa de manhã? Que energia você quer carregar no seu corpo e na sua mente, mesmo quando as circunstâncias não são ideias? Não pense demais: apenas identifique-as.

Agora, comece pequeno escolhendo uma coisa que irá levar você até lá, e se lembre para aonde está indo.

Minha *atitude* matinal é importante porque afeta todo o meu dia. Quando começo, mal humorada, descontente ou isolada, eu normalmente permaneço assim. Sempre que começo o dia preparando sanduíches, com prazos a cumprir e precisando fazer compras e ir ao mercado, tenho que lutar para conseguir energia para me reencontrar. Além do que, quando a minha atitude ruim me desconecta do que importa, tendo a ver situações comuns como obstáculos enormes e intransponíveis.

Nos dias de energia matinal positiva, apagar incêndios é como assoprar velas. E nos dias de energia matinal negativa, me sinto lutando contra incêndios na floresta com uma pistola d'água de brinquedo.

Começar o dia lembrando o que de fato importa é essencial para um dia bem vivido.

A única coisa que faz todo resto mais fácil ou desnecessário é *escolher o que pensar sobre aquele dia.* Eu já falei sobre minha mente agitada, que parece sempre estar pensando mil coisas ao mesmo tempo.

---

* Por causa desse filme, a *crush* celebridade de longa data do meu marido é a atriz Andie MacDowell, e eu acho isso extremamente encantador.

Minha energia mental é distribuída entre planejar o jantar, esboçar livros, pensar em como um amigo em particular está se saindo e como a caixa do supermercado deve achar que sou um lixo de mãe porque fiz uma piada sobre esquecer meus filhos no estacionamento.

Tantos pensamentos.

Pensamentos demais.

Alguns são importantes, outros *não,* e é por isso que eu já estou cansada antes do sol nascer.

No último ano ou assim, eu comecei meu dia escolhendo o que me permito pensar. Isso pode soar intenso, mas é necessário para minha saúde mental. Eu faço uma seleção dos meus pensamentos e removo aqueles que não importam: a avaliação negativa do podcast dentre as milhares positivas, como a minha pele parece mais velha hoje comparada a de ontem e o que servir no dia de Ação de Graças quando ainda estamos em agosto e *não é hora ainda, Kendra.* Eu também penso o que importa e priorizo essas coisas. Sim, escolher que música tocar durante o retiro de mulheres no próximo mês é

MINHA ROTINA PARA QUANDO ME SINTO ESTAGNADA NO MEU TRABALHO

Rapidamente aprendi que preciso de pausas. Algumas pessoas podem escrever, consultar ou vender por horas a fio, mas a minha mente não aguenta períodos longos.

Eu tenho uma ampulheta no meu escritório que dura aproximadamente quarenta minutos. Quando sento na minha mesa, viro a ampulheta e trabalho até que ela esvazie, então dou uma olhada no meu celular por alguns minutos. Normalmente, o Instagram e o pensamento constante de E se alguém me escrever algo urgente? Tiram o meu foco, mas sei que consigo ficar quarenta minutos sem olhar meu celular.

importante, porém não é urgente, como ensaiar o que eu vou tocar na igreja no domingo. Eu simplesmente escolho o que importa *e* o que importa mais naquele dia. Mais tarde outros pensamentos terão a sua vez.

Ao criar minha rotina matinal com essa prática de lembrar o que importa, tanto para a minha lista de tarefas quanto para a minha alma, fico melhor preparada para enfrentar o dia, independente do que aconteça.

Com o tempo, eu vou acrescentando outros elementos — ler, alongar, tomar café quente em silêncio, mas ao começar com uma única coisa estou preparada para o que vier, mesmo que um madrugador deixe a minha rotina mais curta.

UMA ROTINA PARA COMEÇAR A TRABALHAR

Provavelmente temos diferentes tipos de trabalho, mas precisamos de um caminho para nos preparar para ele. Como você se prepara depende de você, mas se criar uma rotina que não seja voltada para

Depois que olho o celular, viro a ampulheta de novo, trabalho até que ela esvazie e então saio do meu escritório e faço algo ativo, criativo ou relacional por cinco ou dez minutos. Às vezes eu exagero e faço os três.

Meu escritório fica em uma igreja, e trabalho com pessoas que são amigas antes de serem colegas de escritório. Durante esses dez minutos, dou uma volta no santuário (ativo), talvez escute alguma mensagem de voz enquanto caminho (relacional), toco piano (criativo) ou converso com um amigo quando estou voltando (relacional de novo).

Esses dez minutos me dão exatamente o que eu preciso para trabalhar cada vez melhor pelos próximos dois turnos da ampulheta.

Talvez você não precise de uma rotina no começo do seu trabalho, mas no meio.

o que você *faz* e sim para o que você *pergunta,* encontrará um caminho mais fácil para o seu trabalho.

Toda vez que começar a trabalhar, pergunte a si mesma: *O que importa sobre o meu trabalho? Que energia quero carregar no meu corpo e na minha mente assim que começo a trabalhar, mesmo quando as circunstancias não são ideais?* Então, escolha a única coisa que terá um impacto em lhe preparar para o seu trabalho mesmo que nada mais aconteça.

Minha rotina para começar o trabalho progrediu muito ao longo dos anos, em parte porque o mesmo aconteceu com o meu trabalho. A maneira como começo o trabalho depende de como ele é. A rotina é diferente quando estou fazendo o brainstorming sobre os episódios para o podcast no meu sofá do que quando estou escrevendo este livro na mesa do meu escritório, e por isso que amo a rotina do Gênio Preguiçoso.

A questão não é ter a mesma rotina diária detalhada de trabalho. Em vez disso, pergunte a si mesma o que importa sobre o seu trabalho hoje, comece pequeno com a única coisa que pode lhe preparar melhor para aquele trabalho e então faça. *Esta* é a sua rotina. O que você escolheu pode ser útil por meses, ou pode ser melhor apenas para hoje. O poder de uma rotina de trabalho surge com a indagação sobre o que você precisa hoje, não necessariamente sobre se sentar no mesmo lugar e usar a mesma caneta.

Eu já mencionei como a música pode preparar o terreno para entrarmos no clima de trabalho, e isso é o que acontece comigo. Às vezes, a minha rotina para entrar nesse clima envolve tomar mais uma xícara de café, pensar no que estou fazendo ou acender uma vela, mas a única coisa que sempre faço é começar com música.

> **O poder de uma rotina de trabalho surge com a indagação sobre o que você precisa hoje, não necessariamente sobre se sentar no mesmo lugar e usar a mesma caneta.**

Tipos diferentes de músicas se encaixam em tarefas diferentes. Um brainstorming diante de um quadro branco pede pelo alto-astral da Taylor Swift. Um trabalho de escrita profunda precisa do piano melancólico de Ólafur Arnalds. Tarefas no computador, pequenas, mas necessárias, pedem Penny e Sparrow. De novo, a música específica não é rotina. O poder da música conforme ela se relaciona com o que estou fazendo naquele dia é que é, por isso vou sempre começar com ela.

Crie uma rotina com base no que você precisa, lembre-se do que é importante no seu trabalho e comece com a única coisa que terá o maior impacto.

UMA ROTINA PARA O INÍCIO DA NOITE

O que é importante sobre suas noites? Que energia você precisa nutrir?

Às vezes, a sua rotina noturna prepara você para esperar pelo dia seguinte. Outras vezes, ajudará você a se lembrar do dia de hoje.

Desde que você comece pequeno e se lembre para o que está se preparando, sua rotina noturna terá a forma que você precisar. A maioria das noites provavelmente parecerá a mesma, mas ao encarar sua rotina como um Gênio Preguiçoso, você tem a liberdade de se preparar para o que importa para você hoje.

Durante anos, a única coisa que eu fazia na minha rotina noturna era dar uma organizada nos principais locais da casa. Eu guardava os brinquedos nos cestos, limpava as bancadas da cozinha, e colocava as almofadas de volta no sofá. Intencionalmente, eu ia mais devagar em vez de correr, já que a velocidade do meu corpo afetava a velocidade do meu cérebro.[*] Essa rotina servia o seu propósito, me preparando para um início mais lento e intencional no dia seguinte.

Agora, a minha rotina noturna inclui acender velas e ouvir música enquanto organizo a casa. Se o meu marido terminou de colocar as crianças para dormir, eu dispenso a música e converso com ele enquanto arrumamos as coisas juntos. Às vezes, tenho até um tempo para uma caminhada no quarteirão, algo ótimo quando faz

---

[*] Tenho certeza de que o meu patrono é um gato feroz.

mais de cinco horas que não fico sozinha. Tudo isso tem um pequeno impacto na minha preparação para o dia seguinte, mas tem um impacto imenso em como me sinto em relação a mim e ao meu pessoal naquele momento.

Uma rotina noturna prepara você para o amanhã e também pode lembrá-la do que importa agora.

IGNORAR O QUE TODO MUNDO JURA DAR CERTO

Você provavelmente leu todos os artigos que eu li sobre que começar o seu dia suando é a melhor coisa que você pode fazer: As supermodelos fazem. Os CEOs fazem. Se você não acorda antes do nascer do sol para malhar loucamente, o que está fazendo com a sua vida?

É difícil escolher a sua única coisa quando as outras pessoas são tão apaixonadas pelas delas. É por isso que muitos livros de autoajuda são desanimadores. Eles dizem para você: "Faça _____, e sua vida mudará."

Em épocas diferentes da minha vida eu já comecei as minhas manhãs com exercícios intensos de cardio, com um copo gigante de água com limão, escrevendo no meu diário por quinze minutos e classificando a minha lista de afazeres, tudo isso porque alguém jurou que era o melhor jeito de começar o meu dia.

Mas aí é que está: você é quem tem que escolher a melhor maneira para começar o seu dia.

Eu gosto de manhãs calmas e não de ficar suada, então por que eu faria exercícios intensos de cardio?

Eu gosto de café e me sinto enjoada quando bebo água em jejum, então por que eu beberia água com limão?

Eu fico frustrada pelo meu cérebro ser mais rápido do que a minha caneta, então por que eu deveria escrever em um diário?

> *Eu posso me enganar fazendo da minha lista de tarefas a coisa mais importante, em vez de prestar atenção na narrativa de "tentar mais" passando pela minha mente, então por que colorir por códigos e classificar?*
>
> *Se uma atividade não te prepara para o que lhe importa, é apenas barulho.*
>
> *Você pode ignorar algo se não for importante para você, e os outros podem fazer algo diferente do que você faz se for importante para eles.*

* * *

Por favor, crie as suas rotinas aos poucos. Eu sei que estou parecendo um disco arranhado neste momento, mas se você criá-las muito rápido ou muito grandes, elas sempre vão desapontá-la. O ideal é uma rotina maravilhosa fluindo e funcionando amanhã, mas quando ela falhar e você ainda estiver lutando para encontrar o seu caminho meses mais tarde, você estará bem atrás do que se tivesse feito uma única coisa todos os dias e nunca acrescentado nada mais.

RECAPITULANDO

- A rotina em si não é o que importa. É simplesmente uma rampa de acesso para ajudar você a se preparar para o que importa.
- Ao criar uma rotina, comece pequeno, faça uma única coisa que tenha um grande impacto, e nunca se esqueça para aonde você está indo.
- Crie uma rotina para qualquer tarefa ou hora do dia, mas comece com o que importa para você, não com as etapas para chegar lá.

— UM PEQUENO PASSO —

Avalie suas manhãs pelas lentes de um Gênio Preguiçoso e veja se você está se preparando para a coisa certa. Se não, escolha um pequeno passo para movê-la nessa direção e depois faça-o.

As rotinas são perfeitamente úteis para levá-la até aonde você quer ir, mas e se você não é a única pessoa que mora na sua casa? Como fazer com que as outras pessoas embarquem neste jeito do Gênio Preguiçoso? O próximo capítulo é a sua resposta: regras da casa.

DEFINA AS REGRAS DA CASA

Princípio do Gênio Preguiçoso #6

Antes de me casar com o meu marido, nós saíamos como de costume, mas os nossos encontros eram *intensos.* No primeiro encontro, ele foi ao casamento da minha irmã e conheceu toda a minha família. No segundo, falamos sobre casamento, *o nosso.* No terceiro, eu conheci os pais dele.

Eu não recomendo isso, a propósito.

Kaz* é japonês, e em nossa primeira visita à casa dos seus pais, ele me disse que é algo cultural tirar os sapatos antes de entrar. Quando entrei, foi como quando as crianças brincam que o chão é de lava, porque fiz um malabarismo para que minhas botas não tocassem no chão.

Talvez você não tenha namorado um japonês que tenha pais que não usam sapatos dentro de casa, mas provavelmente já esteve em uma casa que tinha uma regra que você desconhecia até quebrá-la. Não é algo legal, não é mesmo?

Eu já estive em casas em que ficava vigilante, prestando atenção nos mínimos detalhes para não ofender os meus anfitriões. Talvez você tenha visitado a casa de alguém pela primeira vez e pensado ao sair: *Bem, eles nunca vão me convidar para voltar.*

---

* Rima com *Oz,* não com *jazz.*

Quando você é um gênio pleno em relação às regras da sua própria casa, provavelmente está focando em algo que gostaria que não lhe afetasse tanto: sua reputação, o quão impressionante é a decoração da sua casa — sua insegurança usual sobre não ser boa o bastante. No fundo, a maioria das pessoas quer ficar livre dessas coisas. Nós queremos ser pessoas que vivem autenticamente e que são aceitas por isso.

A oscilação do pêndulo para o outro lado é uma abordagem preguiçosa quanto às regras da casa — assim como não ter nenhuma regra.

As regras da casa do Gênio Preguiçoso são diferentes. Você não precisa cobrir o seu sofá com plástico e correr para pegar o aspirador quando uma criança derruba um pedaço de biscoito no chão. Isto é viver em modo de proteção e, gente, é exaustivo. Mas também não precisa viver como em uma república de estudantes com todas as suas substâncias questionáveis.

As regras da casa do Gênio Preguiçoso são escolhas simples que facilitam o que importa para você e para o seu pessoal. Sim, elas são práticas e tangíveis, e têm o propósito de resultar em um ambiente familiar de conexão, não de proteção.

Conheço você o bastante para saber qual ambiente familiar escolherá.

Vamos explorar como as regras da casa ajudam a nos conectar.

CONEXÃO EM VEZ DE PROTEÇÃO

Todas nós já tivemos dias em que os dominós caem rápidos e na direção errada. De algum modo, uma escolha resultou em várias outras inesperadas, tudo está desmoronando e não sabemos onde começou a dar errado.

Sua reação nesses momentos normalmente é de proteger algo: a casa que você acabou de limpar, a camiseta que acabou de lavar, e que de alguma forma agora está suja de lama, ou a sua própria sanidade. É um instinto natural, mas geralmente não leva a um bom caminho.

Talvez você retroceda. Acabe se fechando, dando respostas curtas para as perguntas e se sinta totalmente um lixo. Talvez fique brava também. (Essa sou eu, aliás). Quando o caos não para, eu culpo os meus filhos e lhes digo que são relaxados, em vez de respirar e dizer a mim mesma a verdade sobre o que realmente importa.

Nesses momentos, ajuda lembrar que é mais fácil limpar um copo de leite derramado do que reparar os sentimentos magoados de uma criança da segunda série.

O caos tem significado diferente para pessoas diferentes, porém certas situações podem levá-la a se ressentir com o tamanho da sua casa ou da sua conta bancária. Você pode se sentir frustrada porque o seu marido não ajuda um pouco mais. Ou pode ficar olhando o Instagram e se afundar em comparações que mantêm a narrativa da proteção em andamento.

É aí que normalmente acontece comigo de Comer Chocolate Enquanto Estou Com Raiva.

Sim, eu gosto de ordem, mas não às custas de me conectar de verdade com a minha família ou gentilmente comigo mesma. É por isso que as regras da casa do Gênio Preguiçoso são diferentes das, digamos, regra arbitrária como a de sempre ter que usar um descanso de copo. As suas regras da casa ajudam você a passar o seu dia de uma maneira que garanta que os dominós fiquem em pé, até você estar preparada para posicioná-los na direção que desejar em vez de eles caírem na direção errada porque uma das crianças esqueceu de guardar o suco.

Conexão, não proteção, é o objetivo.

COMO IMPEDIR QUE O PRIMEIRO DOMINÓ CAIA

Pisar em uma peça de Lego não me transforma em um monstro, mas pisar em uma peça de Lego *depois* que eu limpei meleca de nariz do sofá, encontrei um pedido de autorização da escola que deveria ser entregue há duas semanas e me dei conta de que deixei a garrafa de leite no carro por algumas horas, irá me transformar 100% em um.

Como você pode identificar aquele primeiro dominó e impedir que ele caia? Comece prestando atenção nos momentos em que você protege em vez de se conectar. Em qual hora do dia você se isola ou fica brava regularmente? O que o seu adolescente faz que te dá vontade de subir pelas paredes?

Identifique em quais momentos, atualmente, você se sente enfurecida e protetora, mas que preferia estar envolvida e conectada. Ao criar uma regra da casa para evitar que o primeiro dominó caia, você mantém o resto dos dominós — e a sua conexão com os outros — em pé.

Lembre-se de que os Gênios Preguiçosos começam pequeno. Uma regra de cada vez. Junte todo mundo e veja o que acontece.

NÃO HÁ REGRAS QUE SIRVAM EM TODAS AS CASAS

O que funciona para mim nem sempre, necessariamente, funciona para você. Todas nós priorizamos coisas diferentes, somos movidas por emoções diferentes, e todas nós experimentamos conexões diferentemente.

Enquanto compartilho as regras da minha casa, preste mais atenção em como eu descobri cada uma delas, do que na regra em si. É melhor que você veja o processo de identificar uma regra da casa do que seguir as minhas à risca. Não copie as regras de outras pessoas mesmo que isso pareça ser mais seguro. Você pode confiar na sua própria voz e escolher o que funciona melhor para você.

Agora vamos recapitular algumas das minhas regras.

UMA REGRA PARA DEPOIS DA ESCOLA

Eu já compartilhei a loucura que vem depois da escola. O número de tarefas que têm que caber naquele intervalo de duas horas, entre pegar as crianças na escola e jantar, é absurdo, e é fácil se transformar em uma Mãe Hulk a qualquer momento.

Eliminei muito dessa angústia usando a Pergunta Mágica: *O que posso fazer agora para facilitar o depois da escola mais tarde?*

Resposta: uma travessa de lanches. Porém uma travessa de lanches não é uma regra. Não acontece todos os dias, e não é a única coisa que impede meus dominós de caírem.

Depois de prestar atenção nas nossas tardes por um tempo, percebi que o ponto de partida para mim — a primeira peça do dominó a balançar — eram as coisas da escola no chão. Os meninos costumavam chegar da escola e largar no chão as mochilas e lancheiras, e em dois minutos eu tropeçava nelas e me sentia encurralada. Meu instinto de sobrevivência é altamente desenvolvido.

Além de ativar a minha reação ao estresse, o material da escola no chão fazia com que todo o resto ficasse lá também. Junto com suas mochilas e lancheiras, os meninos colocavam as folhas com os deveres de casa, as autorizações da escola, e tudo se perdia, porque aparentemente o chão era como o Triângulo das Bermudas. A bagunça é como um ímã, e bagunça pelo chão parece mais insuportável para mim (e um convite para os meus filhos), do que bagunça na bancada.

Aí entra a irmã menor. Annie veria o projeto de arte do irmão mais velho jogado no chão e pensaria que era dela. Ela tem 3 anos, e qualquer coisa no chão é um alvo legítimo para uma criança de 3 anos. Quando o irmão mais velho percebeu que ela estava brincando com o seu projeto de arte, gritou e soluçou porque seu coração estava partido, e isso fazia o outro irmão gritar e soluçar porque ele não sabia como processar a demonstração de emoção de outras pessoas. Enquanto isso, Annie rasgaria o projeto de arte no meio, e eu tentaria impedi-la tarde demais porque tinha tropeçado em outra mochila.

Você pode achar que eu estou brincando, mas essa era uma tarde típica. O coitado do Kaz entrava num desgaste emocional todas as noites quando voltava do trabalho.

Advinha qual é a nossa regra da casa depois da escola?

Material da escola na bancada! Material da escola na bancada!

Eu tenho que dizer isso mil vezes todos os dias assim que entramos em casa porque eles ainda esquecem, mas ser uma chata repetitiva é melhor do que a opção descrita anteriormente.

A regra da nossa casa mudou nossas tardes totalmente. A bagunça está contida. Os deveres de casa e autorizações da escola não se perdem. Eu não tropeço mais. Annie ainda não pode alcançar a bancada, então não perturba mais os irmãos pegando suas coisas. E a mamãe não se transforma em um monstro apavorante que fica brava com coisas tolas. Em vez disso, eu posso me conectar melhor com os meus filhos após a escola.

A nossa regra da casa depois da escola impede que o primeiro dominó caia, e as tardes são mais sossegadas. Não *completamente* sossegadas porque isso é impossível, mas estamos mais propensos a aproveitar a companhia uns dos outros na hora do jantar, graças a uma simples regra da casa.

REGRA DA CASA DA BANCADA DA COZINHA

Todos os livros de design e programas da HGTV dizem que a cozinha é o coração da casa, deve ser por isso que, com frequência, você se sente como se estivesse tendo um pequeno ataque cardíaco. Você tem que cozinhar toda a comida lá, mas provavelmente a sua cozinha é cheia de coisas que não tem nada a ver com comida, do tipo correspondências e sacolas de roupas que você precisa levar para um brechó, e é o lugar que fica sujo mais rápido porque *eles estão comendo de novo, sério*?

Se você se sente arrasada pela bagunça na sua cozinha, e sente como se nunca pudesse acabar com ela, há uma boa chance de deixar essa narrativa derrubar uma fila de dominós.

Você fica frustrada porque ninguém mais se importa com a limpeza, e se retrai.

Você encontra a sua caneta preferida na bancada da cozinha cheia de pasta de amendoim porque você vive com animais de verdade, e fica furiosa.

Você diz para si mesma que tudo é culpa sua porque é uma péssima dona de casa e não consegue fazer nada direito, e então sai xingando todo mundo.

Parece dramático, mas não deixa de ser verdade. Coisas que não são importantes, de repente, parecem excessivamente importantes e você não sabe por que está sentindo todas essas emoções por causa de uma cozinha bagunçada.

As regras da casa não são permissões para você ignorar esses sentimentos ou manter o controle sobre a sua cozinha e sua vida. Isto é proteger. Pelo contrário, uma regra da casa é uma ferramenta para apoiar o que importa e evitar que você vá muito longe em uma estrada que não gosta de percorrer.

E se essa estrada começar com frustração por causa de uma cozinha bagunçada, cogite esta regra da casa: *A bancada da cozinha não é um depósito.*

Se você pensa que a bancada da sua cozinha é um outro armário ou gaveta, você colocará tudo nela e deixará lá por uma eternidade: uma pilha de correspondências em cima da fruteira, o saca-rolhas ao lado do detergente, livros da biblioteca muito perto da pia.

A bagunça é um ímã, então, quanto mais coisa você coloca na bancada da sua cozinha, pior ela fica. E pior a sua atitude fica também. Talvez você seja mais *zen* do que eu, mas eu tenho dificuldade em me conectar quando estou mal-humorada e irritada. É *possível,* mas difícil.

Use sua cozinha, mas faça com que ela funcione para você. Uma regra da casa como essa não quer dizer que ela tem que parecer como uma cozinha de revista ou parte de uma casa que está à venda. *Viva.* Mas se você acha que a sua cozinha não está funcionando como você gostaria, talvez as bancadas bagunçadas sejam as culpadas, e uma regra para a casa pode ajudar.

Observe as bancadas da sua cozinha e veja o que *pode* ser levado para outro lugar. Não faça nada ainda, apenas olhe. A fruteira com bananas e laranjas fica bem na bancada, já as sacolas plásticas cheias de sacos plásticos não ficam. O jarro com espátulas e outros utensílios faz sentido perto do fogão, uma pilha de revistas não. O moedor de pimenta fica perfeito na bancada, mas fica estranho se para alcançá-lo você tiver que passar por cima de uma garrafa de Pepto-Bismol, o que *nunca* aconteceu comigo.*

Talvez você se sinta mais leve ao lembrar que as bancadas estão ali para lhe ajudar na cozinha, em vez de serem uma gaveta de bagunças a céu aberto. À medida que você otimiza a funcionalidade da sua cozinha e o espaço vazio das suas bancadas, também pode sentir um pouco mais de espaço na sua alma. Então, esta tarde, quando a sua filha se sentar para fazer pulseiras de contas na bancada enquanto você faz o jantar , você não vai ficar irritada com ela por ela contribuir com uma bagunça que já estava ali antes.

Ao contrário, agora você tem um caminho mais fácil para se conectar.

REGRA DA CASA PARA O GUARDA-ROUPAS

Esta vale mais para mim do que para minha família, porém ainda é útil.

Uma das áreas em que mais me resguardo é o meu corpo. Como já contei anteriormente, tenho questões sobre como me visto e sobre como devo me parecer, e como me visto é parte integral de como enfrento isso.

Sentir-me eu mesma nas minhas roupas faz com que me sinta eu mesma onde estiver. Assim posso me conectar com as pessoas em vez de me proteger, me escondendo e me desculpando pelo espaço que ocupo, tanto literal quanto figurativamente.

Mas, durante muitos anos, eu não confiava na minha opinião sobre como eu ficava no que vestia, então sempre queria uma segunda opinião. Perguntar para a sua amiga o que ela acha da sua calça nova não é algo ruim. Sob vários aspectos, é vulnerável e bom. Você está se mostrando em uma mensagem de texto ou saindo do

---

* Na verdade, sempre aconteceu comigo, mas com um pote de sopas.

provador e deixando alguém olhar para você. Para a maioria das mulheres, isso já é uma vitória por si só.

O meu problema era que eu confiava mais na opinião dos outros do que na minha, então comprava o que minha amiga, minha mãe e a revista *Real Simple* me mandassem comprar. Se realmente eu gostasse de um suéter, mas outra pessoa não, eu não o comprava. Se alguém dissesse que eu ficava "tão fofa" em um vestido, eu o comprava, mesmo que me sentisse como um cupcake decorado nele. Vestidos que parecem cupcakes decorados são ótimos, mas prefiro jeans, preto e, de vez quando, listras. Basicamente eu me sinto mais eu mesma quando me visto como Steve Jobs.

Consequentemente, eu tinha um armário cheio de roupas que nunca usei. Será que os meus amigos estavam errados quando me diziam que algumas roupas eram bonitas? Não, de forma alguma, porém só eu sei o que realmente vou usar. Se eu usar algo em que eu não me sinta confortável, fico envergonhada e mais do que ciente da minha aparência, em vez de ficar atenta à pessoa com quem estou falando.

Um armário cheio de roupas escolhidas por outras pessoas me leva à proteção, não à conexão.

Você adivinhou. Agora eu tenho uma regra da casa para o guarda-roupas: *Não compre roupas que alguém disse que você deveria comprar.*

Essa é uma regra da casa universal para todas as pessoas que vão as compras? Claro que não. Mas é aquela que eu preciso para impedir que o primeiro dominó caia.

REGRAS DA CASA QUE SÃO MENOS CARREGADAS EMOCIONALMENTE

Talvez eu tenha canalizado muita energia baixo-astral do Bisonho (personagem do Ursinho Pooh), então vamos aliviar um pouco o clima. Sim, regras da casa ajudam você a manter o primeiro dominó em pé, mas elas não necessariamente referem-se a inseguranças no nível de terapia.

Você está simplesmente focando no que importa, e algumas coisas que são importantes são super simples.

Regra da Casa para Leitura

Eu amo ler, mas eu perco o ritmo facilmente. A fim de manter o ritmo de leitura, tenho uma regra da casa: *Comece um novo livro 24 horas após ter terminado o último.*

Se você gosta de processar o que leu e ficar pensando naquilo por um tempo, essa regra da casa não é para você. Mas eu não sou esse tipo de leitora. Meus livros favoritos são romances distópicos com uma heroína problemática, uma sociedade patriarcal que precisa ser desfeita, um amor não correspondido entre a heroína e alguém da sociedade patriarcal, e algumas armas mágicas ou planetárias usadas na medida certa. Geralmente esses livros não têm aquelas mensagens das quais eu gostaria de contemplar por horas enquanto olho pela janela.

Aprendi que, se eu não começar um livro novo um dia depois de ter terminado um outro, acabo perdendo o ritmo da leitura. Já que amo livros e gasto mais dinheiro com eles do que com outras coisas, quero cultivar hábitos que apoiem essa atividade que adoro, que é tão *importante.*

Eu tenho uma estante cheia de livros que estou empolgada para ler, um Kindle Paperwhite na minha bolsa, e um sistema rápido e fácil para acompanhar o que li, mas pessoalmente preciso de uma regra da casa para derrubar o meu primeiro dominó.

Regra da Casa para Celular na Mesa

Eu acredito que essa regra já exista em muitos lares. Mas não na nossa casa, porque os nossos filhos ainda não têm celulares e parte do objetivo do jantar é nos conectarmos com os avós pelo FaceTime.

Dito isso, uma regra da casa de não ter celulares à mesa vem do desejo de se conectar.

Celulares à mesa podem derrubar o primeiro dominó, resultando em um jantar disperso, ninguém prestando atenção em ninguém, você sentindo raiva de todo mundo por não conversarem ou ficarem em silêncio e se repreendendo por falhar como mãe.

(Ok, talvez isso necessite de uma terapia também.)

Celulares não são ruins, mas se eles são uma distração para o que importa — como uma conversa ao redor da mesa — pense em uma regra da casa que impeça o primeiro dominó de cair.

Regra da Casa para a Limpeza

Bagunças não são tão ruins. Na verdade, bagunça é sinal de vida, mas pilhas de bagunça uma em cima da outra, às vezes, podem levar à desordem e à sensação de estar sobrecarregada e frustrada.

Para manter nossas bagunças mais intencionais o possível, minha família tem uma regra da casa para a limpeza: *Antes de começar uma nova bagunça, limpe a anterior.*

Eu limpo a bagunça do jantar antes de fazer um bolo. Meus filhos precisam arrumar seus pincéis atômicos do projeto de arte antes de montarem os trilhos do Hot Wheels no chão da sala. Como família, nós colocamos a roupa suja no lugar certo, antes de brincarmos de *American Ninja Warrior* com as almofadas do sofá.

É uma regra simples da casa focada no que importa — belas bagunças que levam à conexão.

Regra da Casa para Encontrar Suas Chaves

Você não gosta de se sentir apressada. Não gosta de estar atrasada.

Se a fila de dominós cai porque você continua perdendo as suas chaves, ou o seu filho adolescente acidentalmente colocou-as no bolso da calça *que ele está usando naquele momento em um lugar que não é a sua casa,* crie uma regra: *As chaves ficam nesta cesta e em nenhum outro lugar.*

Todos a seguem, todos sabem onde encontrar as chaves, e o primeiro dominó, o de procurar as chaves, não derruba os outros dominós da frustração e dos pensamentos de que o seu filho é um irresponsável.

PROCURANDO POR REGRAS DA CASA

Qual a fileira de dominós que você quer que pare de cair? Quais hábitos você tem que te desviam do que importa?

Comece a prestar atenção em que momento você perdeu ou esqueceu de se conectar, e então volte atrás. Quando chegar a um primeiro dominó em potencial, tente uma regra da casa.

Digo novamente que isso não tem nada a ver com controle. Não estamos tentando nos tornar um exército de mulheres robôs *zen*. Bagunças acontecem. Colapsos emocionais ocorrem. Dominós caem, e nos desculpamos com o nosso pessoal quando isso acontece.

Mas em vez de colocar na conta do: "esse é apenas o meu jeito", podemos escolher regras da casa que nos ajudem a crescer e a nos tornarmos seres humanos mais gentis. Elas nos oferecem maneiras práticas de identificar quando estamos nos transformando em versões de nós mesmos que não gostamos muito, e nos ajudam a manter o foco no que importa.

Procure lugares para usá-las, convide a sua família para usá-las, e veja como a vida vai ficar mais calma.

RECAPITULANDO

- Regras da casa são sobre conexão, não proteção. Elas impedem que o primeiro dominó caia e derrube os demais.
- Não há regras que sirvam em todas as casas. Escolha a que vai funcionar melhor para você.

- O objetivo não é manter o controle, mas estar em um estado mental melhor para se dedicar ao que importa — em outras palavras, o seu pessoal.

— UM PEQUENO PASSO —

A sua família briga regularmente por algum motivo? Tenham juntos uma conversa casual e pensem em ideias de uma regra simples da casa que evite que a frustração vire uma briga. Criar regras da casa não depende só de você. Na verdade, fazê-las em conjunto, como uma equipe, é uma das melhores partes de ser uma família.

Existe uma regra que merece o seu próprio capítulo: *Coloque tudo no seu devido lugar.*

Vamos lá.

COLOQUE TUDO NO SEU DEVIDO LUGAR

Princípio do Gênio Preguiçoso #7

Eu secretamente sonho em morar em uma Tiny House [movimento arquitetônico e social que defende uma vida minimalista em casas pequenas]. Que tal uma banheira que também serve como tábua de cozinha? E um armário que também serve de geladeira? Ou cada móvel maravilhoso branco ou de madeira?

Estou dentro. Até certo ponto.

Sério, o que eu quero é simplicidade.

O apelo emocional de morar em uma mini casa ou em uma van, para mim, é o fato de não ter bagunça. Você pode ver tudo o que tem, sabe onde procurar quando alguma coisa some, e se rende aos limites impostos por um espaço pequeno.

Mesmo que uma mini casa não faça sentido para nós, ainda me sinto tentada pela sua aparência genial. Eu acho que preciso começar do zero e viver com muito pouco se quero ter algum tipo de controle sobre minhas coisas.[*]

Quando eu noto que não posso, em sã consciência, vender tudo e assim nunca mais ter que limpar meus armários, posso

---

[*] Essa não é a razão de todos que escolhem morar em uma Tiny House. Mas seria para mim.

decidir ficar preguiçosa e deixar a desordem tomar conta. Sem regras a seguir, cada um com a sua, e daí se acabarmos no programa *Acumuladores*?

Mesmo que ser totalmente genial ou preguiçosa pudesse render uma participação da minha família em um reality show, este não é um bom plano a longo prazo. Você e eu precisamos de um jeito para encarar as nossas coisas e, por sorte, temos um.

A VERDADE SOBRE O SEU ESPAÇO

Independentemente de quantas coisas você possua, este é o seu princípio do Gênio Preguiçoso de viver: coloque tudo no seu devido lugar. O que significa que tudo *precisa* de um lugar.

Se você olhar para a sua casa como algo finito (o que ela é) e para as prateleiras e armários também como finitos (o que eles são), os limites estão garantidos. Você tem um espaço limitado para colocar suas coisas.

A razão mais provável para estar se sentindo sobrecarregada com a sua casa é que ela funciona como uma gaveta gigante de lixo. Não estou dizendo que suas coisas são lixo, mas você as guarda como se fossem.

> Bagunça não significa necessariamente que você tem muitas coisas. Significa que elas não têm um lugar. Quando você coloca cada item em seu lugar e vive dentro do limite de espaço da sua casa, ela ficará em paz e conservará o que mais importa.

Quando as suas coisas estão em pilhas aleatórias e apinhadas em vários cestos, você não está dando a elas um lugar real onde possa achá-las novamente.

Prazer em conhecer, eu sou a bagunça.

A sua reação à bagunça é provavelmente como a minha — queimar tudo. Você tem coisas demais, e está pronta para se livrar de cada uma. Porém bagunça não significa necessariamente que você tem muitas coisas. Significa que elas não têm um lugar. Quando você coloca cada item em seu lugar e vive dentro do limite de espaço da sua casa, ela ficará em paz e conservará o que mais importa.

Você não precisa se tornar minimalista: apenas guarde suas coisas.

ABRINDO ESPAÇO PARA O QUE IMPORTA

Eu tenho várias estantes porque tenho centenas de livros. Eu amo livros e os leio com todo o meu coração, então abrir um espaço para eles importa para mim. Este é o segredo para colocar tudo no seu lugar. O propósito da sua casa é manter o que é importante para você e sua família. Se algo não é importante, está tirando o espaço de algo que seja.

Se eu colocar em minhas estantes outras coisas que não só livros, como vejo nas revistas de decoração, seria bonito, mas inútil. Os enfeites e vasos tiram o espaço dos meus livros, que são mais importantes para mim do que ter uma estante da moda.

Se você é como eu e ama livros, talvez a resposta para o seu problema de armazenagem não seja uma outra estante, ao contrário, livre-se das coisas que importam menos do que os seus livros. Abrace o que importa e livre-se do que não importa.

Conforme você colocar cada coisa em seu devido lugar dentro dos espaços da sua casa, verá o que não pertence àquele espaço simplesmente por não haver lugar para aquilo.

Abra espaço para o que é importante, e você verá com mais clareza o que não é.

O PROBLEMA DO SURTO DO SACO DO LIXO

Sempre que alguém me lembra o quão simples e intencional meu espaço *poderia ser,* meu instinto é pegar um rolo desses sacos de lixo preto enormes e jogar tudo fora. Eu já fui a bazares fazer doações mais vezes do que posso contar.

Eu sei. Recomeçar, de preferência sem colocar fogo em tudo, é tentador.

Você quer esvaziar a sua agenda e jogar tudo fora, mas isso não passa de uma solução temporária.

Como vários procedimentos grandes, o surto do saco de lixo só vai até certo ponto. Você pode conseguir rapidamente um bom resultado de viver sem bagunça, mas, de alguma forma, daqui a seis meses estará na mesma situação. Mas como isso acontece?

Pode ser que você não precise de menos coisas, mas definitivamente precisa de melhores *hábitos* para elas.

Foque em hábitos pequenos e diários para as suas coisas, e a sua casa vai ficar mais organizada e convidativa sem nem mesmo notar como você chegou lá.

Você está dentro? Então vamos falar de hábitos para as coisas.

HÁBITO PARA AS COISAS #1: COLOQUE CADA COISA EM SEU LUGAR ASSIM QUE PUDER

Coisas são como imãs. Eu juro, uma correspondência na bancada vira uma Torre Inclinada de Cupons da Pizza Hut em cinco minutos. As suas coisas começam a se juntar e você nem nota, se regularmente você não colocar cada uma delas em seu lugar, se renderá novamente ao surto do saco de lixo ou aos fósforos, e nenhum dos dois é a solução que buscamos aqui.

Coloque cada coisa no seu devido lugar assim que puder, e você neutralizará a magnetização da bagunça. Derrubar aquele primeiro dominó faz toda a sua casa funcionar de um jeito que deixa espaço para o que é importante.

Comece pequeno e comece logo. Por exemplo, depois de fazer o seu café de manhã, guarde a leiteira e coloque a colher na pia ou na lava-louças. Lave a jarra do café após se servir da última xícara. Incentive os seus filhos a guardarem o cereal depois de se servirem, em vez de esperar para quando todos estiverem de saída ou, pior, para mais tarde, quando tiver que limpar a bagunça do café da manhã para fazer o jantar. Coloque as correspondências na cesta logo que passar pela porta. Desfaça as malas assim que voltar de férias.

Não gosto mais da vida robotizada perfeita, porém essa regra pode parecer alarmantemente semelhante a ela. Mas, o propósito de colocar as coisas nos seus lugares não é o de ter uma casa perfeita ou de ser uma pessoa que tem tudo organizado. O propósito é evitar que as suas coisas se proliferem como fungos, e você fique insatisfeita.

Guardar suas coisas te ajuda a sentir gratidão pelo que você tem, em vez de frustração pelo espaço que elas ocupam.

HÁBITO PARA AS COISAS #2: SAIBA ONDE IRÁ COLOCAR ALGO ANTES DE LEVAR PARA CASA

Cada novo item que você leva para a sua casa — comidas, roupas, enfeites, cestas organizadoras — precisam de um lugar para ficar.

Quando você está em uma loja e pensa em comprar algo, normalmente leva em consideração se vale o preço ou se pode pagar por ele. Amamos uma oferta, e amamos a energia das coisas novas, especialmente quando estão em promoção.

E se, em vez disso, você se perguntar onde irá colocá-lo. E "vou encontrar um lugar" não é uma resposta aceitável.

Você pode visualizar em que lugar da despensa ou do armário pode guardá-lo? Você teria que apinhá-lo para caber? Está disposta a tomar uma decisão fixa de que esse item será proveitoso para você e sua casa?

Fazer a si mesma esses tipos de perguntas *antes* de uma compra é um hábito para as coisas incrivelmente eficaz. Sou a favor de diversão, coisas novas, mas compre-as somente se forem importantes para você e tiverem um lugar definido em sua casa. Do contrário, você está contribuindo para a bagunça.

HÁBITO PARA AS COISAS #3: JOGUE O LIXO FORA

Não estou sendo condescendente. Ignoro bastante o lixo, e você também deve ignorar.

Quando penso em lixo, penso nas coisas obviamente nojentas — lenços de papel, fraldas sujas, filtro de café sujo. Mas lixo também é o brinquedo quebrado que você coloca de volta na caixa de brinquedos, o controle remoto da televisão antiga que continua sob à mesa de centro e a presilha de cabelo que não fecha mais.

Quanto mais alguma coisa permanece em nosso espaço, mais esquecemos que ela está lá, e maior a possibilidade de ela se tornar lixo. Não deixe que elas permaneçam e aumentem a desordem na sua casa, especialmente porque seus poderes magnéticos são apavorantes. Coloque o lixo no seu devido lugar *jogando ele fora.* Isso parece óbvio, mas normalmente é o óbvio que esquecemos.

HÁBITO PARA AS COISAS #4: DESFAÇA-SE DE UMA COISA POR DIA

Algumas partes na nossa casa estão de tal maneira entulhadas com coisas aleatórias que parecem intransponíveis.

Você sabe do que estou falando porque todas nós temos um espaço assim. É a bancada da cozinha, a gaveta da bagunça, a cômoda do quarto ou o armário do corredor. Sempre é muito chato guardar todos esses itens aleatórios ou pior, encontrar lugar para eles se não tiverem um. Muitas de nós têm um local onde esses itens excêntricos ficam até termos tempo para lidar com eles.

O que nunca acontece.

Então eles se tornam magnéticos e se multiplicam, e você começa a pesquisar de novo no google sobre as Tiny Houses.

Em vez disso, escolha a menor e a mais acessível das áreas onde esses itens estão, e jogue fora um por dia.

Apenas um.

Parece insignificante, mas você está realizando duas coisas importantes. Primeiro, aos poucos está colocando tudo em seu lugar, e aos poucos é melhor do que nada. Segundo, está cultivando o hábito de colocar tudo em seu lugar, que será útil para toda a vida.

HÁBITO PARA AS COISAS #5: FAÇA UMA PEQUENA LIMPEZA SEMANAL

Não importa quão organizada você seja, cada área da sua casa precisa de uma limpeza de vez em quando.

É útil a prática de retirar o que não precisa mais e o que não importa mais, a fim de abrir espaço para o que é importante.

Se jogar uma coisa fora por dia for viável e você está pronta para mais, tente uma pequena limpeza semanal. Escolha um dia da semana, aquele que você costuma ter alguns minutos sobrando, e limpe um espaço pequeno.

Quanto maior for a sua casa, maior será a lista dos seus espaços pequenos, mas se regularmente cuidar dessas pequenas áreas, semana após semana, você estará no ritmo de eliminar o que não importa mais, sem fazer disso um projeto imenso toda vez que você ficar sobrecarregada com suas coisas.

Seus espaços pequenos podem incluir uma gaveta da bagunça, a cômoda do seu filho, os espaços sob o gabinete do banheiro, e o cesto de brinquedos na sala de estar. Alguns espaços são maiores do que outros, mas incentivo você a não encarar um cômodo inteiro.

É muita coisa para pouco tempo, então, comece pequeno.

Lembre-se de que você não está organizando, está apenas limpando. Ponha para fora o que não precisa mais e o que não tem mais importância. Coloque em um saco ou em uma caixa e mande embora.

Agora você tem mais espaço para o que importa. São baixos riscos, com pouca pressão e grandes resultados.

HÁBITOS PARA AS COISAS #6: PRESTE ATENÇÃO NO QUE AS SUAS COISAS ESTÃO LHE DIZENDO

Ao colocar repetidas vezes cada coisa no seu devido lugar, você perceberá o que importa e o que está atrapalhando. As suas coisas vão dizer se devem ficar.

Você está sempre procurando entre os vários pares de sapatos até encontrar aquele que você deseja? Quem sabe esteja na hora de se livrar de alguns pares? Está sempre procurando o seu caldo de galinha entre as várias latas de leite de coco? Talvez você não goste de cozinhar com leite de coco e precisa parar de comprá-lo, mesmo que a internet jure que você precisa dele. Você sempre coloca de volta no cesto os mesmos brinquedos, mas nunca vê a sua filha brincando com eles? Pode ser que eles estejam no mesmo cesto dos brinquedos que ela realmente gosta, mas estão atrapalhando o que realmente importa para ela.

Ouça o que as suas coisas estão lhe dizendo, e livre-se do que não importa.

À medida que, dia após dia, você coloca tudo em seu lugar usando esses hábitos, provavelmente você ouvirá essas mensagens mais claramente.

A LOUCURA DE GUARDAR BRINQUEDOS

Obrigada, Kendra, por todas as suas ideias e boas intenções, mas e todos aqueles caminhões e bules de chá que pertencem às minhas crianças selvagens? Eu organizo todos eles para vê-los bagunçados dois minutos depois!

Concordo. Isto é super irritante.

Vamos fazer uma brincadeira e imaginar duas situações familiares diferentes.

Situação #1: Arrumar é como nadar contra a corrente. O cômodo nunca fica arrumado, então, por que se incomodar? Os brinquedos estão espalhados e as crianças parecem bem. Mas, por alguma razão, mesmo com o chão e a mesa de centro cobertos de brinquedos, as crianças ficam emburradas e reclamam que não têm nada para fazer.

Isso acontece porque elas estão sobrecarregadas com tantas possibilidades e provavelmente não percebem nem mesmo os brinquedos que estão realmente ali. A bagunça se tornou um ruído de fundo porque nada está no seu devido lugar.

Agora você tem um problema com as coisas *e* um problema com crianças lamuriantes. Não, obrigada.

Situação #2: Você (e os seus filhos, se você quiser) pode arrumar uma vez por dia. Quem sabe você possa reorganizar a casa à noite, para quando eles acordarem de manhã, espalharem os brinquedos pelo chão e descobrirem tudo de novo. Talvez vocês façam uma arrumação no meio do dia antes da hora do cochilo para que aquelas mentes sonolentas não fiquem sobrecarregadas ao acordar e comecem uma nova brincadeira.

(Novas Brincadeiras, parece até nome de banda.)

Lembre-se do *porquê* de você colocar tudo no seu devido lugar: para ter certeza de que tem espaço para o que importa, para cultivar o bem-estar, e para se conectar.

Tudo se trata de conexão, porque conexão é o que mais importa.

Nós arrumamos para que uma nova bagunça apareça.

Irrita, mas no final vale a pena.

NÃO SEJA ENGANADA PELO PROPÓSITO ERRADO

Lembre-se, assim como um Gênio Preguiçoso, você tem o direito de se dedicar ao que é importante para você.

Se uma casa arrumada importa, faça a arrumação.

Se uma casa limpa faz você feliz, use seu limpador de eucalipto com gosto.

Mas não se deixe enganar.

A limpeza não torna você melhor, e bagunça não torna você mais real.

Você pode gostar de ordem, limpar a sua casa antes de receber uma visita e limitar o que entra na sua casa porque acumulação afeta negativamente sua vida íntima.

Você também pode viver na desordem, convidar seus amigos para a sua bagunça, e ter mais do que precisa.

A maioria de nós oscila entre esses dois lados às vezes.

À medida que pratica esse princípio de colocar tudo no seu lugar, você provavelmente sentirá alegria como resultado.

Uma casa arrumada traz uma sensação boa. Armários que não estão abarrotados dão gosto de abrir. Poder ver o que se tem é gratificante.

Mas nada disso tem a ver com o seu valor como pessoa. Não se esqueça disso. Sua casa pode ser um reflexo da sua personalidade, mas a situação dela não é o reflexo do seu valor.

RECAPITULANDO

- Viva dentro do limite do seu espaço, não importa quão grande ou pequeno. A casa de todo mundo é finita.
- Ao colocar tudo no seu devido lugar, você vê o que não é dali. Mantenha apenas o que importa.
- A bagunça da sua casa pode ocorrer por você ter muitas coisas, ou por você precisar de melhores hábitos para as coisas.

— UM PEQUENO PASSO —

Vá e jogue algo fora. E amanhã, faça o mesmo novamente.

Todas as vezes que falo sobre arrumação na comunidade online do *Lazy Genius*, alguém inevitavelmente diz: "Eu adoro isso porque agora posso receber visitas!" Nós mencionamos rapidamente como você pode fazer isso independentemente da situação da sua casa, mas o que realmente significa deixar as pessoas entrarem — não somente na sua casa, mas na sua vida?

DEIXE AS PESSOAS ENTRAREM

Princípio do Gênio Preguiçoso #8

Todo os anos, as mulheres da minha preciosa igrejinha vão à praia juntas para um retiro e sempre jogamos Hot Seat. Caso você não conheça o jogo, é muito simples: uma pessoa se senta em frente a todos e o grupo vai fazendo perguntas aleatórias sobre ela. É uma maneira de conhecer umas às outras e ouvir histórias sobre términos, filmes favoritos, e sobre a última vez que alguém fez xixi nas calças.

Quando chegou a vez de minha amiga Francie se sentar lá na frente, ela caminhou até o assento e disse: "Não sei como me sinto agora, porque o que eu quero é ficar no fundo da sala, mas também quero que todas vocês me conheçam!" Nós rimos porque *entendemos*.

Estar em relacionamentos e deixar as pessoas entrarem em nossas casas, e quem sabe em nossas bagunças pessoais, é algo que simultaneamente queremos e evitamos.

Nós deixamos o medo da rejeição obscurecer o desejo por conexão.

Eles irão gostar de mim?

Eu irei gostar deles?

Como os convido para sair?

E se eu preferir ficar sozinha, mas às vezes também me sentir solitária?

Como posso convidar alguém para jantar se mal consigo cozinhar para a minha família sem surtar?

A maioria de nós faz essas perguntas ou outras parecidas, então se você se sente como uma lagarta social esquisita que ainda não se transformou em uma borboleta, não se preocupe. Todos nós temos algum grau de receio de deixar as pessoas entrarem em nossas vidas.

Meu histórico pessoal é bem fraco. *Ah, você gostaria de ouvir detalhes?*

Claro.

COMO *NÃO* DEIXAR AS PESSOAS ENTRAREM NA SUA VIDA

Se eu ganhasse um dólar toda vez que uma amiga me dissesse: "Somos amigas e eu gosto de você, mas sinto que não te *conheço* realmente," eu teria ganhado, tipo, *seis dólares.*

Talvez o dinheiro não seja o melhor exemplo aqui, mas quando você teve apenas uma dúzia de amigos realmente próximos na vida adulta, seis é um número impressionante.

Eu tentei fazer amigos dos dois jeitos, preguiçoso e genial.

O jeito preguiçoso era ficar na minha, sem me importar quando não era convidada e dispensar a tentativa de qualquer pessoa de me conhecer melhor. O jeito preguiçoso era desaparecer.

Permita-me compartilhar dois exemplos esclarecedores e possivelmente embaraçosos.

O primeiro aconteceu no ensino médio. Eu tinha um grupo de amigos que gostava de mim, mas eu não saía com eles depois da escola ou nos fins de semana. Nós almoçávamos juntos, e a gente se cumprimentava nos corredores, mas eu não ia na casa deles. Eu queria ir, mas ninguém sabia, porque eu agia como se estivesse tudo bem do jeito que as coisas estavam.

Eu mantive a distância de todo mundo na escola, esperando sair ilesa, não me importando que ninguém soubesse o meu nome.

Aparentemente, consegui, porque quando fiz o discurso na formatura, podia ouvir os meus amigos de classe sussurrando: "Quem é ela? Ela é da nossa classe?"

Ela é da nossa classe?

Alcancei o meu objetivo, mas, pasmem, foi deprimente.

O segundo exemplo aconteceu na faculdade. No meu primeiro ano, eu morava com outras sete garotas. Elas me convidavam para ir à casa delas nos fins de semana ou para ir às festas, mas como eu tinha medo de ser exposta e tinha escolhido a abordagem preguiçosa de não me importar (mesmo me importando profundamente), eu dizia não para todos os convites e muitas noites ficava no meu quarto tomando sorvete Ben & Jerry's de chocolate fudge e assistindo *I Love Lucy.*

Hum, isso é muito triste.

Mais ou menos no início do meu segundo ano, quando ficar sozinha se tornou algo muito solitário, tentei fazer amizades do jeito genial. Eu me importava obsessivamente com o que as pessoas pensavam de mim, tentei ficar magra (foi aí que meu transtorno alimentar ganhou força), e eu *persistia.* Achava que para ser uma boa amiga tinha que ser perfeita, ter a aparência perfeita, conhecer todo mundo, ser um modelo de bom comportamento e a sabedoria em pessoa.

Sim, você está certa ao dizer que não cultivei muitas amizades significativas naquela época.[*]

Felizmente, durante a última década, o meu ponto de vista sobre a amizade mudou.

Passei a abraçar o que importa na amizade — honestidade, vulnerabilidade, e aproximação no conflito. Estou aprendendo a me esforçar nessas coisas e a cultivar relacionamentos que me

---

[*] Jess, você é o meu maior arrependimento daquela época. Obrigada por me procurar mesmo quando eu me afastei de você. Sei que você se lembra do nosso relacionamento de forma diferente, mas gostaria de ter deixado você entrar na minha vida naquela época. Tive muitas chances, mas não as aproveitei. Sei que você está lendo isso porque ainda é uma das minhas maiores torcedoras, mesmo à distância. Obrigada por tolerar meus defeitos com tanta fidelidade.

tornem uma melhor versão de mim mesma. Ser amada do jeito que sou e amar os outros do jeito que eles são é uma nova abordagem de amizade para mim, e nunca voltarei atrás. Esse caminho é muito bom.

Eu entendo que esse pode parecer um princípio esquisito para ser um Gênio Preguiçoso, mas se você quer abraçar o que importa, relacionamentos estão no topo da lista. Se quer ser um gênio em qualquer coisa valiosa na sua vida, você precisa de *outras pessoas* para ajudá-la a fazer isso.

Como é deixar as pessoas entrarem em sua vida?

POR QUE PRECISAMOS UNS DOS OUTROS

Relacionamentos ajudam você a se entender melhor. Diálogos estimulam as suas crenças nas pessoas e no mundo. Amigos cuidam dos seus filhos e trazem o jantar quando você está exausta. Eles fazem as perguntas certas quando você não tem certeza sobre uma grande decisão. Fazem você sorrir e te apresentam *The Good Place* e o jogo Monopoly Deal.

Ao deixar as pessoas entrarem na sua vida, você encontra apoio e companheirismo, e você e as pessoas da sua comunidade se veem de maneira mais autêntica com o passar do tempo.

> **Não podemos viver bem sem conexão e sem comunidade.**

Não podemos viver bem sem conexão e sem comunidade.

No livro *A Coragem de Ser Imperfeito*, minha querida Brené Brown define amor como: "Quando permitimos que o nosso eu mais vulnerável e poderoso seja totalmente visto e conhecido, e quando honramos a conexão espiritual que cresce dessa oferenda com confiança, respeito, bondade e afeto."[3]

Mesmo o mais introvertido de todos precisa ver e ser visto, ter alguém para compartilhar os momentos marcantes.

Precisamos uns dos outros para dar e receber amor.

Claro, este princípio não é tão reluzente como o da Pergunta Mágica, mas sabe o que você pode fazer agora para facilitar a sua vida mais tarde?

Cultivar amizades deixando as pessoas entrarem na sua vida.

Admito que seu desejo por conexão seja diferente em tamanho e formato do meu, mas cada uma de nós pode, do nosso próprio jeito, seguir esse princípio.

Deixe as pessoas entrarem em sua casa e em sua vida, com inseguranças e tudo o mais.

Se você está pensando *vai com calma sobre a vulnerabilidade, Kendra, eu ainda não estou preparada,* não se preocupe. Vamos começar aos poucos.

DEIXE AS PESSOAS ENTRAREM NA SUA CASA

Você quer ser o tipo de pessoa que tem relacionamentos profundos, e é esperta o bastante para saber que isso não acontece imediatamente. As amizades costumam começar com as coisas simples como compartilhar uma refeição.

Comece pequeno e convide alguém para a sua casa

Logo. Como nesta semana, se você conseguir.

Neste momento você pode ser anti-Kendra por vários motivos:

- Você acha que a refeição tem que ser perfeita, mas não sabe nada sobre cozinhar.

- Você tem uma agenda lotada e quer ir para casa no fim do dia e não falar com ninguém, e sou uma chata sugerindo algo diferente.

- Anteriormente você foi rejeitada em outras tentativas de amizade e se sente nervosa disso acontecer de novo.

Cada um desses motivos é válido, e eu já senti *profundamente* todos os três. Mas e se você decidisse apenas dessa vez não deixar que esses motivos tenham a palavra final?

NÃO SE ATREVA A SE DESCULPAR

Escute: não se desculpe. Não estou dizendo para não se desculpar se por acaso ferir os sentimentos de alguém ou chutar acidentalmente alguma amiga na canela. O que eu quero dizer é não se desculpar pela sua casa, sua comida ou pelos seus defeitos percebidos. Estou falando sobre quando você vê uma imperfeição e quer ter certeza de que todo mundo saiba que você sabe.

"Desculpe pela bagunça aqui ."

"Desculpe por estar tão escuro, estamos pensando em pintar esse cômodo."

"Desculpe pelo improviso, pretendemos terminar este projeto."

"Desculpe se a comida não estiver muito boa, eu não sou boa cozinheira."

NÃO.*

Myquillyn Smith, uma guru de casa e minha amiga, diz no seu livro *The Nesting Place*: "Eu percebi que quando eu me desculpo pela minha casa, estou declarando para todos ouvirem que não estou satisfeita. Que silenciosamente estou me julgando. Que eu me importo demais com a aparência da minha casa e talvez, apenas talvez, faço o mesmo quando visito a sua."[4]

É provável que você seja mais exigente com você do que com qualquer outra pessoa, porém, ninguém mais sabe disso. Se você convida as pessoas para a sua casa e fica pedindo desculpas pelas coisas que estão bagunçadas, seja verdade ou não, você deixa os seus convidados em alerta e os desvia do motivo da visita: conexão.

Você quer deixar as pessoas entrarem na sua vida com a esperança de se tornarem amigas, e não para comparar a sua vida com as delas ou como você acha que a sua vida deve ser.

Você quer encher a sua casa com pessoas porque elas importam. Conexão, conversas, risadas, boa comida, vulnerabilidade — todas essas

---

* Para aqueles que estão ouvindo o audiobook, desculpe pelo aumento repentino do volume.

coisas são importantes. E porque são importantes, você tem que decidir como ser um gênio sobre elas. O jeito mais fácil é convidar alguém.

Precisa de algumas ideias? Fico feliz em ajudar.

Um Jantar Habitual

Convide alguém, algumas pessoas, ou uma família para jantar.

Faça você mesma a comida, peça para cada convidado trazer um prato, ou encomende uma pizza de um estabelecimento confiável. Desde que a refeição seja feita na sua casa, é o que vale.

Se você mesma quer fazer a comida, mas não tem muitas habilidades na cozinha ou receitas no seu arsenal, posso sugerir o meu Change-Your-Life Chicken? É fácil, adaptável para qualquer quantidade de pessoas, delicioso, bonito, e praticamente infalível. É o meu legado e estará na minha lápide, então se você ainda não experimentou, esta é a sua chance.*

Troca de Noites

Minha irmã e o marido costumam trocar noites com outro casal que tenham filhos pequenos da mesma idade que os deles. Depois da hora de dormir, as mulheres ficam em uma casa e os homens na outra. É genial porque as crianças dormem em suas próprias camas, não é preciso babá, tem um responsável disponível se alguma criança acordar e a conexão acontece. Bingo.

Café da Manhã em Família no Final de Semana

Café da manhã em família é uma das minhas maneiras favoritas de se conectar. É especialmente importante para famílias com crianças pequenas. Já que, de qualquer forma, todo mundo estará acordado entre as sete ou oito horas (ou antes das seis na minha casa), então comece cedo com um café da manhã caseiro ou comprado.

---

* Procure no google "Change- Your-Life Chicken" [conteúdo em inglês] e você encontrará imediatamente.

Você consegue se conectar com sua família durante a refeição que tem menos pressão, e ainda tem o resto do dia pela frente. Além do que, a hora de dormir e dos cochilos não são nem um pouco afetadas pela reunião do café da manhã. Então, faça uma tentativa.

Noite de Sobremesas

Eu tenho cobertura de chocolate nas minhas veias, então as pessoas que me conhecem sabem que essa é uma sugestão óbvia. Escolha uma torta ou um ou dois potes de sorvetes, e conheça alguém enquanto come doces. Se você tem filhos pequenos, isso costuma ser mais fácil do que convidar alguém para jantar, especialmente se você pode convidar pessoas que não tenham filhos ou que os tenham com idade suficiente para ficarem uma ou duas horas sozinhos.

Se você tem filhos pequenos, coloque eles para dormir e encerre o seu dia conversando com alguém enquanto comem bolo. Se você não tem, ofereça levar uma sobremesa à noite para uma família que tenha.

Almoço Depois da Igreja

Shannan Martin, que é a minha pessoa favorita de ouvir quando se trata de ser uma boa amiga e vizinha,* abre a sua casa todos os domingos depois da igreja para qualquer pessoa que possa ir.

Como ela e sua família fazem as atividades nas proximidades da casa (podem ir andando para a escola e igreja), o seu círculo de amizades é pequeno, mas super intencional. Ela faz sopas e serve em tigelas. Às vezes, as pessoas trazem coisas para acrescentar e, às vezes, se o público aumenta, Shannan pega alguns pacotes de batata frita da despensa.

Não há desculpas, nem busca pela perfeição, e nem tentativa de organização, mas há sempre conexão.

---

* Leia o seu livro *The Ministry of Ordinary Places* para ter o seu coração impactado, por favor.

Obviamente você pode fazer o mesmo convidando alguém para um restaurante casual depois da igreja. Procure por pessoas diferentes: uma estudante da faculdade, casais que sofrem do ninho vazio e que sempre sentam atrás de você, ou uma família com crianças pequenas, mesmo que agora os seus filhos já tenham crescido.

De um jeito ou de outro, convide alguém para almoçar.

Com a casa suja ou limpa. Você fazendo a comida ou não. De banho tomado ou não.

Faça o que é importante e foque na conexão. As outras coisas são secundárias e você também não precisa se desculpar.

DEIXE AS PESSOAS ENTRAREM NO SEU COTIDIANO

A vida cotidiana não é brincadeira. Provavelmente por isso você escolheu este livro. Você quer ajuda para sair da monotonia e chatice da vida, parcialmente porque é difícil, mas talvez ainda mais por ser *solitária*.

Todas nós temos uma longa lista de responsabilidades para administrar e a maioria de nós faz isso sozinha. Eu acho incrivelmente difícil pedir ajuda com as responsabilidades do dia a dia, ou até mesmo, compartilhar o seu peso emocional com amigas porque os meus problemas não parecem importantes o bastante. Eu não quero ser aquela pessoa que incomoda, não quero parecer que estou reclamando, afinal de contas, todas nós deveríamos saber como baixar as nossas cabeças e continuar em frente.

Eu sou muito boa em comparar sofrimentos e descartar os meus num instante. Existem pessoas sem comida, sem pais, sem sabonete e sem direitos civis. Quem sou eu para reclamar com uma amiga sobre o meu filho ter tido uma dor de estômago fantasma que me fez perder meu horário com a massagista? A propósito, essa é uma história verdadeira. Mas também era verdadeira a intensidade da minha dor nas costas, a dor afeta o meu humor, e o meu humor, como o meu filho recentemente observou, pode ser "um pouco ranzinza às vezes".

Você acha que só é necessário as pessoas entrarem na sua vida quando as coisas estão muito difíceis, mas e quando os seus desafios diários *parecem* muito difíceis? Carregá-los sozinha é tentar ser um gênio com as coisas que não importam. Autoconfiança não importa se não há comunidade para acompanhá-la.

Podemos precisar uns dos outros. Na verdade, é bonito fazer isso, especialmente nos momentos mais comuns do dia a dia.

VOCÊ NÃO PRECISA ESTAR EM UMA CRISE PARA PEDIR AJUDA

Eu já disse que, historicamente, é muito difícil eu deixar as pessoas entrarem na minha vida, e por anos fiz isso prometendo que as pessoas só entrariam durante uma crise. Mas quem é que vai determinar o que é uma crise? Como você decide quando está ruim o bastante para deixar que alguém entre nos seus problemas diários?

Ninguém iria criticar você por precisar de ajuda com as crianças para que você pudesse estar com o seu pai quando ele fosse para a quimioterapia, certo? Essa parece uma crise válida. Mas, e se você estiver lutando contra a ansiedade? Quero dizer, na maioria das vezes é administrável. Você até consegue chegar ao final do dia, mas a vida requer mais energia do que você tem para dar. Embora esteja lutando em virtude de um problema bem real, parece invisível e difícil de justificar. Uma tarde sozinha, alguém para te ouvir, uma hora de cochilo seria um presente, mas sentir ansiedade não parece importante o bastante para justificar um pedido de ajuda.

E se você estiver realmente cansada? Digamos que teve vários dias difíceis, seus hormônios não estão ajudando, e você acha que fazer o jantar vai drenar o restinho de energia que sobrou.

Isso definitivamente não é tão importante.

Mas *é sim*.

Crise não é um pré-requisito para procurar a comunidade e conexão.

Você não precisa estar bem o tempo todo. Pode lutar, se sentir sobrecarregada com as suas responsabilidades. Pode compartilhar a pressão de escolher a escola do seu filho. Você se sente culpada ou até mesmo preocupada porque está escolhendo entre uma escola particular, que a maioria das pessoas não podem pagar, ou uma escola autônoma, onde centenas de crianças não conseguem entrar? A culpa é uma das muitas emoções que nos impedem de deixar as pessoas entrarem em nossas vidas.

Somos muito bons em qualificar as nossas lutas, e se os problemas são muito específicos, muito comuns, muito privilegiados, ou muito [preencha esse espaço], não os compartilhamos. Mantemos as pessoas fora e dizemos que está tudo bem.

Provavelmente é por isso que seis dos meus doze amigos não me conheciam. Eu nunca deixei que entrassem nas coisas habituais. Nunca compartilhei como amamentar um bebê agitado e que regularmente mordia o meu seio mudaria todo o meu dia. Nunca compartilhei que não sabia como dizer para o meu marido que sentia falta dele, mesmo ele estando sentando ao meu lado no sofá. Eu não compartilhei como me sentia frustrada no meu trabalho, mesmo que fosse um ótimo trabalho com grandes pessoas. Achava que não tinha o direito de reclamar.

Na minha opinião, não havia uma crise *real*, então não falava nada. Mas se você e eu esperarmos a tragédia acontecer para deixarmos as pessoas entrarem em nossas vidas, vamos perder toda a beleza e simplicidade da conexão. Vamos perder aquele cafezinho no meio de um dia difícil ou as mensagens de texto e GIFs engraçados que uma amiga envia porque sabe que você está cansada e tudo o que precisa é dar uma risada.

Perdemos a conexão simples que leva a relacionamentos profundos.

Comece deixando as pessoas entrarem nas suas lutas diárias, e não se preocupe se são trágicas o suficiente.

Diga sim quando uma amiga perguntar se você precisa de alguma coisa de uma loja.

Diga sim quando a sua irmã se oferecer para ficar com os seus filhos, e não comece a pensar imediatamente como vai ter que pagar esse favor, porque, na real, não há favor nenhum.

Diga sim quando o seu esposo se oferecer para limpar a cozinha à noite, dessa forma você poderá ir pra a cama mais cedo em vez de acreditar que pode fazer tudo sozinha.

Todas nós somos pessoas bonitas e frágeis, tentando fazer com que outras entrem em nossas vidas, e os momentos diários são ótimos lugares para começar.

COMPARTILHE OS MOMENTOS CORRIQUEIROS

Faz parte do ser humano viver a vida junto. Sem pretensões, sem crises, apenas momentos comuns, dos dias comuns.

Emily* e eu chamamos isso de momentos corriqueiros. Nós compartilhamos coisas que não são super importantes, mas na verdade são, porque são reais e aconteceram conosco, não importa quão simples ou bobas. São apenas coisas corriqueiras.

A ironia é que momentos corriqueiros parecem ser mais sagrados quando você os divide com alguém que de fato esteve com você em uma crise. Emily e eu compartilhamos alguns desses momentos, mas também vivemos uma vida real juntas. Às vezes nos desentendemos, precisamos tomar grandes decisões em nossas carreiras, choramos para valer e compartilhamos coisas que são muito pesadas para serem reveladas.

> **Relacionamentos profundos não acontecem apenas quando deixamos as pessoas entrarem em momentos mais delicados. Eles acontecem quando estamos dispostas a deixar as pessoas entrarem em todos eles.**

Eu chorei na frente das pessoas uma meia dúzia de vezes na minha vida, e Emily esteve lá pelo menos em metade delas. Isso significa que só falamos de coisas sérias? Você está de *brincadeira*? Tenho certeza que já passamos uma meia hora só olhando as roupas da Meghan Markle. Mas essas conversas comuns, bobas, do dia a dia têm a mesma importância que as mais

---

* * P. Freeman.

difíceis, tornamos todas as conversas significantes porque o nosso relacionamento é importante para nós duas.

Relacionamentos profundos não acontecem apenas quando deixamos as pessoas entrarem em momentos mais delicados. Eles acontecem quando estamos dispostas a deixar as pessoas entrarem em *todos eles*.

Uma interação não conta menos porque ninguém despiu a alma — pelo menos da forma que você costuma definir. Você também pode despir a sua alma em momentos cotidianos e comuns.

A alma tem espaço tanto para os momentos corriqueiros como para os de crise, assim como você e o seu pessoal, que conduz à conexão mais profunda da qual você almeja.

QUANDO AS COISAS NÃO IAM BEM PARA MIM

Escrever este livro tem sido uma oportunidade única para deixar as pessoas entrarem na minha vida. Este trabalho está longe de ser uma crise estereotipada, mas também é o projeto mais difícil que eu já aceitei. Minha personalidade não é naturalmente feita para aguentar a longa jornada que é escrever um livro. Você tem que escrever muitas palavras ruins para encontrar as boas, e se ainda não notou, eu sou uma perfeccionista em recuperação.

Percebi rapidamente que, embora tivesse que escrever este livro sozinha, não poderia *carregá-lo* sozinha.

Recentemente, uma hora antes de escrever esta seção, uma amiga passou pelo o meu escritório e me perguntou: "Como está com o livro?" Várias pessoas têm me perguntado isso nos últimos oito meses, e eu já não respondo mais: "Tudo bem!"

"Tudo bem" não é verdade. Claro, um bloqueio literário não é uma emergência, mas estou optando por compartilhar a minha *sensação* de que é. "Tudo bem" mantém as pessoas afastadas e me deixa isolada, então eu aprendi a responder diferente:

"Está difícil hoje."

"Um pouco trabalhoso, mas vou dar um jeito."

"Finalmente encontrei a linha de discussão deste capítulo, então estou animada!"

"Consegui bater a minha meta de palavras mais cedo do que imaginava, então vou me recompensar e passar no fast-food Chipotle no caminho para casa."

Pareceu estranho ser acessível de primeira, por que quem realmente se importa?

Acontece que meu pessoal se importa, e quanto mais eu o permito entrar na minha vida, mais prática adquirimos de cuidar uns dos outros. Deixar de lado o "tudo bem" aprofundou tantos dos meus relacionamentos de maneiras que nunca esperei.

Se você estiver no meio de um projeto comum, de um trabalho ou até em um estágio da vida, não ache que não é suficientemente importante para deixar as pessoas entrarem. Você pode ter uma responsabilidade ou uma carga emocional que é toda sua, mas não significa que tem que carregá-la sozinha.

Nem sempre tem que estar tudo bem.

Deixe as pessoas entrarem.

QUANDO A CONEXÃO NÃO ACONTECE

Às vezes, não nos conectamos com algumas pessoas. A química não está lá ou não temos muitas coisas em comum. Isso faz parte da vida e não significa que há algo de negativo com as pessoas envolvidas. Nem todo namoro dá certo: o mesmo acontece com a amizade.

Mesmo assim, é fácil incorporar a falta de conexão como falha pessoal. Você não foi o bastante para aquela pessoa. Não foi legal e nem interessante o suficiente. É muito quieta, muita esquisita ou muito barulhenta. Você sente que ser você é errado e o impulso é mudar quem você é.

Se a série After School Special *nos ensinou algo, foi que mudar quem você é para ser aceito não a levará a lugar nenhum. Claro, você pode não ser rejeitada de cara, mas também não será verdadeiramente aceita. Se você focar em não ser rejeitada, perderá aquilo que está procurando: conexão.*

Às vezes ser aceita por ser você mesma leva mais tempo do que você deseja e machuca enquanto você espera, mas vai dar certo. Você acabará encontrando as pessoas certas quando estiver disposta a deixá-las entrar.

É arriscado ser a primeira a tentar, mas, no fim, vale a pena.

RECAPITULANDO

- Está tudo bem se você não fizer uma amizade para a vida inteira depois de convidar alguém para a sua casa. Ainda assim valeu a pena.
- Deixe as pessoas entrarem na sua vida sem ficar pedindo desculpas.
- Você não precisa estar em uma crise para pedir ajuda.
- Não pense demais sobre conexão. Apenas convide alguém para a sua casa.

— UM PEQUENO PASSO —

Mande uma mensagem para alguém para dividir um momento corriqueiro ou a convide para sair. Que tal agora?

Se você está um pouco insegura depois deste papo sobre relacionamentos, vamos mudar o rumo da conversa e falar sobre a ferramenta maravilhosa que é a organização em lotes.

ORGANIZE EM LOTES

Princípio do Gênio Preguiçoso #9

Poderia dizer que já fui uma confeiteira profissional porque tive um negócio em que vendia o que eu assava? Vamos dizer que sim. O Sugar Box foi um empreendimento onde eu criava sobremesas inspiradas em um tema particular da cultura pop e as embalava em caixas bonitas e fofas. O pessoal do bairro poderia encomendá-las online e pegá-las na porta da minha casa uma vez por mês (ou seja, no Dia do Sugar Box).

Eu adorava e era boa nisso.

No entanto, não era boa com números e acabei percebendo que ganhava dois centavos por hora para cada caixa vendida. Digamos que o pessoal do *Shark Tank* não investiria em mim.

Porém aprendi muito naquele ano e meio: me tornei uma confeiteira melhor, notei como fiquei mais cheia de vida quando reuni as pessoas em volta da comida, e aprendi como organizar em lotes — primeiro com os cookies e depois com a vida.

A LIÇÃO DE ASSAR MIL COOKIES EM UM ÚNICO DIA

No Dia do Sugar Box, tudo tinha que ficar pronto de uma vez. E quando digo tudo, são milhares de sobremesas individuais embrulhadas em centenas de pacotes e carinhosamente colocadas dentro de quarenta a setenta caixas. Eram pacotes marrons amarrados com barbante, e com certeza uma das minhas coisas favoritas.

Deixar aquelas caixas prontas todas de uma vez, mês após mês, acabou se tornando uma aula magistral de organização em lotes. Minha primeira lição veio no meu primeiro Dia do Sugar Box. Eu tinha 45 encomendas da caixa *Friends*,* então comecei a empacotá--las uma por uma. Eu pegava uma pilha de um tipo de cookie, colocava na embalagem, cortava o barbante, amarrava a embalagem e colocava na caixa. Fazia o mesmo com a outra pilha de cookies, seguida por uma torre de brownies e por mais quatro ou cinco guloseimas diferentes. Eu empacotei cada caixa, uma por uma, e levou uma *eternidade*.

O método ficou melhor no mês seguinte. Eu colocava os cookies em pilhas iguais, cortava todo o barbante de uma vez, embrulhava embalagem após embalagem, e *então* as amarrava uma após a outra. Muito mais rápido.

Com o tempo, o próprio processo de assar também foi organizado em lotes. Eu misturava a massa dos cookies no mesmo dia, já que usavam ingredientes e técnicas semelhantes. Então, moldava mais de mil bolas de massa de cookie de uma vez e as congelava para assar mais tarde. Quando chegava a hora, eu assava todos os cookies, uma bandeja após a outra, como uma máquina de verdade.

Eu aprendi que não poderia trabalhar com uma única receita ou com um Sugar Box de cada vez. Em vez disso, tinha que fazer tarefas semelhantes todas de uma vez para, de uma maneira eficiente otimizar o projeto.

Então, comecei a perceber como o mesmo poderia ser aplicado na minha vida diária. Organizar em lotes poderia transformar mais do que assar cookies.

---

* O conteúdo incluía Cookies Paleontológicos (dinossauros açucarados que diziam "pivô"), Cookies dos Sanduíches Chick and Duck Jam do Joey, Cookies de Chips de Chocolate da avó da Phoebe, Marshmallows do Central Perk (sabor café), Pão de Banana da Princess Consuela Banana Hammock, e brownies com calda de menta inspirados no amor de Phoebe por brownies de maconha. Era uma caixa e tanto a da Phoebe.

COMO FUNCIONA A ORGANIZAÇÃO EM LOTES

A organização em lotes é um tipo específico de tarefa feita repetidas vezes, antes de passar para outra. Não deixe essa simplicidade enganar você; esse pequeno principio é poderoso.

Pense nas linhas de montagem das fábricas. Uma única pessoa é responsável por uma única tarefa, a próxima pessoa pela tarefa seguinte, e assim por diante, ao longo da linha. A fábrica produz muito porque uma pessoa não está montando uma geladeira sozinha do nada.

Provavelmente você desenvolve muitos dos seus projetos do zero quando poderia organizar suas tarefas em lotes e realizá-las um pouco mais rápido. Não apenas isso, mas organizar em lotes dá um tempo para o seu cérebro já que ele vai ficar no piloto automático.

Agora, já estabelecemos que você não é um robô, e definitivamente não é o objetivo deste livro fazer de você um deles. Mas a verdade é que algumas coisas são melhores quando automatizadas.

Fábricas têm uma má reputação porque nada é feito a mão, e tudo que é feito à mão não é sempre melhor? No entanto, se você aplicar essa mentalidade na sua casa, e esperar que tudo seja feito com uma atenção excepcional, está sendo um gênio em tudo e preguiçosa em nada, e ficará exausta, necessitada de um chocolate à tarde e de uma terapia permanente.

Nem tudo precisa ser pensado. Algumas das suas tarefas podem ser automatizadas para o bem do seu tempo e da sua energia, deixando esses recursos valiosos para as atividades que você *queira* se dedicar.

O QUE DEVE SER ORGANIZADO EM LOTES

Como encontrar tarefas para organizar em lotes? Procure por atividades repetitivas e tarefas que precisem ser desfeitas.

Um exemplo de atividade repetitiva é fazer lanches para as crianças. Você tem que fazer três sanduíches, cortar três maçãs e preparar três pilhas de cenouras em palito... deu para entender a ideia. Você pode preparar o sanduíche de cada criança fazendo uma a uma todas as etapas do preparo — *ou* pode organizar em lotes as tarefas repetitivas.

> **Como encontrar tarefas para organizar em lotes? Procure por atividades repetitivas e tarefas que precisem ser desfeitas.**

Espalhe o creme de amendoim em três fatias de pão uma após a outra. Agora coloque a geleia. Feche todos os sanduíches. Coloque todos nas suas sacolas. Fatie as maçãs de uma vez. Fatie as cenouras de uma vez. Embale todas as frutas e legumes de uma vez.

Encontre as atividades que você repete e as faça de uma vez.

Em termos de tarefas que talvez precise desfazer, a máquina de lavar louças é um ótimo exemplo. Quantas vezes você encheu a lava-louças e então encontrou uma pilha de pratos e uma panela que não cabiam por conta da organização dentro da máquina? Poderia caber tudo, mas agora você tem que desfazer o que você já tinha feito.

Não se você organizar em lotes antes. Leve todos os seus pratos para a lava-louças de uma vez, e encha a máquina apenas quando toda a louça suja estiver na sua frente. Agora você pode enchê-la de uma vez e economizar tempo.

Entrarei em maiores detalhes com este exemplo e muito mais, então vamos mergulhar na organização em lotes.

LAVAGEM DE ROUPAS

Roupa suja é ideal para a organização em lotes. Junte alguns lotes principais, e você lava sua roupa do início ao fim no mesmo dia. Parece um sonho, certo?

A luta com a roupa suja acontece porque você está se deparando com tantas tarefas quantas são as peças de roupas. De cada camisa a cada meia, cada peça tecnicamente tem que ser cuidada do começo ao fim — selecionada, lavada, seca, guardada, dobrada ou pendurada. Se você for fazer isso com cada peça de roupa, uma de cada vez, a sua raiva e frustração estaria no mesmo nível de uma invasão alienígena do universo Marvel. E é tolice lavar roupa desta forma, você já sabe disso, é por isso que as lava e as seca em lotes.

Mas podemos organizar em lotes muito mais do que isso.

Triagem e Lavagem

Fora algumas exceções, você pode lavar junto roupas claras e escuras. Sei que nossas mães maravilhosas contavam muitas histórias advertindo-nos sobre misturar cores, mas além do óbvio "não lave a sua camiseta branca favorita com uma calça jeans nova escura", você pode lavar cores diferentes juntas.[*]

Então, como posso fazer a triagem delas, senão pela cor?

Para onde as roupas acabam indo.

Lave todas as roupas que vão para os cabides do *seu* armário de uma vez. Lave as roupas do seu filho menor. Lave as toalhas junto, os uniformes da escola junto, "tudo que acaba indo para o mesmo lugar" *junto*. Agora você pode pendurar com mais rapidez as suas camisas, em vez de procurá-las entre as meias dos seus adolescentes e dos moletons de unicórnio das suas crianças.

Dobrando

Agora, preste atenção. Se você adotar essa ideia de lotes de roupas sujas, por favor, não desperdice seu tempo jogando tudo de uma vez em cima do sofá. Dessa forma, você terá uma pilha gigante de roupas que precisará ser selecionada novamente antes de ser dobrada.

Não estrague os seus lotes!

Lavar as suas roupas com base em onde elas serão guardadas é um presente, e se você gostar, pode continuar organizando em lotes enquanto as dobra. Em lotes, com mais do que umas poucas peças,[†] você pode rapidamente separá-las em pilhas.

---

[*] Fique com água fria por segurança.

[†] Costumo lavar as roupas mais sujas com água quente: roupas íntimas, meias, panos de chão, etc. Como não lavo muito com água quente, todos esses itens são agrupados para salvar o planeta. *Seja bem-vinda.*

Comece com as peças maiores primeiro, porque são mais fáceis de ver: jeans, toalhas ou o que for óbvio. Continue separando as maiores e mais óbvias até que sobre uma pilha de meias, toalhinhas ou algo menor ainda. Agora você pode dobrá-las em lotes.

Dobre todas as toalhas de uma vez e entre no ritmo desses movimentos; você não vai ter que procurar pelas toalhas porque estão em uma pilha na sua frente.

Junte os pares de meias facilmente, pois estão todos separados em uma pilha.

Dobre uma camisa após a outra e aproveite essas ações repetitivas.

Seu cérebro ficará feliz ao entrar no piloto automático assim que começar a fazer o mesmo tipo de coisas repetidas vezes.

GUARDANDO A ROUPA LAVADA

Não vou dizer para economizar etapas guardando as suas pilhas definindo o cômodo onde você irá primeiro (embora eu já tenha feito isso), mas vou te encorajar a guardar um lote de roupas lavadas assim que dobrá-las.

Você fez o trabalho de separar e lavar com base no destino final das roupas, então tudo o que você dobrar provavelmente irá para o mesmo cômodo. Recolha as roupas e leve-as para lá antes que sua sala de estar fique cheia de pilhas e a sua mente tenha que começar a processar mais informação do que o necessário.

Deixe seu cérebro se esforçar no que importa, não em um trabalho de rotina que você facilmente pode organizar em lotes.

DIA DE LAVAR ROUPAS

O único trabalho que faço no dia de lavar roupas, você adivinhou, é lavar roupas. Ao me envolver apenas com esse trabalho, já estou organizando em lotes. Estou fazendo um tipo de atividade repetidas vezes, automaticamente.

O dia de lavar roupas evita que eu tenha que me lembrar quando um lote está pronto porque me distraí limpando o banheiro. Concentrar toda a minha energia em uma atividade repetitiva, faz com que as coisas sejam feitas de forma mais rápida, sem que eu precise lavar novamente os lotes de roupas porque esqueci deles e agora a casa está fedendo a cachorro molhado.

A Área da Roupa Suja Espalhada

Cansei de levar os nossos guardanapos de pano, meias sem pares e qualquer outro tipo de peça suja para a lavanderia. Sei que é um problema muito privilegiado, mas é, ao mesmo tempo, irritante.

Agora eu tenho uma Área para Roupa Suja, um baú de aço galvanizado que comprei por dez dólares. Ele fica em um canto na minha cozinha, e é onde colocamos toda a roupa suja que encontramos pela casa. Em vez de levar cada peça suja até o cesto de roupa, eu a coloco no baú e economizo meus passos. Quando o baú está cheio, eu o descarrego no cesto de roupa suja. A tarefa está organizada em lotes. Aleluia.

SE POR ACASO VOCÊ GOSTAR DE LAVAR ROUPAS

Se a roupa suja não enche você de raiva, provavelmente deve estar achando tudo isso quase uma loucura. Talvez seja, e quem sabe a organização em lotes não faça falta para você. Você sempre lavou o que pôde e quando pôde, e depois, no fim do dia, dobrou uma pilha gigante sem reclamar. Se isso é revigorante, vá em frente e continue.

Mas não suponha que esse é o único jeito. Mesmo que você não odeie lavar roupas, tente organizar uma parte disso em lotes e veja se o processo ficará diferente. Se ficar, pode acabar gostando de lavar roupas ainda mais.

LIMPANDO A COZINHA

Você fez o jantar e possivelmente ainda tem a louça do almoço e do café da manhã, a limpeza é necessária, mas terrivelmente desanimadora. Você tem que lidar com a mesa da cozinha, a bancada, a pia, todos cheios de coisas diferentes que precisam de uma atenção especial antes de irem para lugares completamente diversos.

A razão de uma cozinha suja ser tão estressante é porque o seu cérebro não consegue descobrir qual tarefa fazer primeiro. Todas parecem igualmente urgentes. Gente, você nem imagina como a organização em lotes ajuda em uma cozinha suja.

Limpando as Superfícies

Normalmente, você pega algo da mesa da cozinha, leva até a lava-louças, coloca na lava-louças, pega algum prato aleatório que está perto, coloca na máquina, e então guarda o ketchup para poder limpar o leite que derramou debaixo da mesa. Fica de um lado para outro como uma bola de fliperama, pegando tudo o que estiver mais perto.

Em vez disso, limpe uma superfície de cada vez até terminar. E então, passe para outro local.

Limpar em lotes é uma vitória mental porque há menos bagunça para o seu cérebro processar e você sente o progresso conforme cada superfície for esvaziando.

Eu sempre começo com a mesa da cozinha. É a superfície mais longe da pia e mais fácil de limpar. Uma vitória rápida.

DECIDA UMA ÚNICA VEZ COMO IRÁ ORGANIZAR A LIMPEZA EM LOTES

Quer uma dica bônus? Decida uma única vez (lembra-se deste princípio?) em que ordem limpará as superfícies. A minha é: primeiro a mesa da cozinha, segundo a ilha da cozinha. Depois eu limpo a bancada principal do lado do fogão até o lado da pia. Essa é a ordem que sigo todas as vezes que estou na cozinha, e meu cérebro me ama por isso.

Guardando as Coisas

Quando estiver limpando a sua cozinha, crie lugares físicos para colocar os seus lotes; eu os chamo de áreas. Áreas ajudam a ativar o piloto automático, porque você sabe exatamente onde colocar um item. Não de *qualquer* jeito.

Lembra da dica de organizar em lotes as atividades que você tem que desfazer? Quantas vezes teve que jogar *Tetris* na sua geladeira porque você foi só guardando as coisas conforme apareciam e no final faltou espaço? Inevitavelmente, tem uma cartela de ovos, um pote plástico grande com sobras ou outro item que precisa caber na geladeira, e você não sabe como vai conseguir mais espaço. Use a organização em lotes para guardar tudo de uma vez, e use áreas para manter as coisas até você estar pronta.

ÁREAS DA COZINHA

Escolha áreas próximas de todos os seus destinos finais da cozinha, e mantenha os itens juntos até que você esteja preparada para guardá-los todos de uma vez.

Exemplos: Área para Itens de Geladeira, Área para Itens da Despensa, Área para Louça Suja e Área para Roupa Suja.

Poderia ter uma Área para Itens do Congelador, mas talvez não funcionasse. Você tem que ser rápida aqui.

E a Área para Lixo é a sua lixeira. Normalmente você não tem que jogar Tetris para caber todo o lixo; simplesmente jogue tudo na lixeira.

Enchendo a Lava-louças

Não encha a máquina de lavar louças até que todos os pratos sujos estejam na Área para Louça Suja.

Por favor, vamos fazer disto um grito de guerra. Alguém até poderia estampá-lo em um pano de prato.

Se você esperar por cada prato antes de começar a encher a lava-louças, saberá com o que estará trabalhando. Se você não esperar, será forçada a jogar o *Tetris* da lava-louças e desfazer um monte de trabalho.

Em vez disso, organize em lotes.

Enquanto limpa todas as superfícies, coloque toda a louça na Área de Louça Suja. Uma vez que tiver todos os pratos na sua frente, carregue a máquina de um jeito em que tudo caberá na primeira tentativa.

Comece com aquilo que só cabe na prateleira de baixo (pratos, potes, travessas), seguido por aquilo que só cabe na prateleira de cima (pratinhos de plástico que podem derreter). Então preencha os espaços livres com o que sobrar.*

PAPEL

Você achou que estava se afogando em roupas e louças sujas? Os papéis são forças da natureza.

Todas nós temos toneladas de correspondências e receitas, e se você têm filhos, também tem trabalhos artísticos, projetos da escola, permissão para dormir fora, boletins, folhetos sobre acampamentos esportivos, aulas de piano e festas de aniversário... interrompa-me a qualquer momento.

Cada pedaço de papel, assim como cada peça de roupa, passou por um processo de seleção, decisão e armazenamento. Cada um deles.

Se você guardar individualmente cada papel que chamar a sua atenção, enlouquecerá. Todavia, você não pode jogar tudo em uma pilha gigante e examiná-la quando não enxergar mais a mesa da cozinha ou quando cortarem a sua luz.

---

* Compartilhei algumas dessas ideias no meu podcast, *The Lazy Genius,* e adorava receber e-mails agressivos de pessoas que achavam que eu estava doida por pensar tanto em limpar a cozinha, mas depois me agradeciam imensamente por ensiná-las a limpar mais facilmente. Sim, posso ser louca, mas também tenho razão.

Organizando em lotes você lida com *os mesmos tipos de papéis uma única vez,* não com todos os papéis de uma só vez ou com cada um separadamente.

Da mesma forma que as áreas ajudam na cozinha, elas vão ajudar você a agrupar os seus papéis em categorias apropriadas para lidar com o mesmo tipo de uma vez. Darei alguns exemplos de áreas que eu uso, mas a questão é reconhecer quais categorias de papel você tem e guardá-las em uma área até que você possa lidar com elas.

A Área de Coisas com Prazo

Papéis com datas de vencimento óbvias — como contas, convites para eventos e autorização da escola — precisam de um lugar específico, longe de todo o resto.

Caso contrário, sabemos o que acontece. Você joga toda a correspondência na bancada e deixa a conta de gás por cima para não esquecê-la. Então, o seu filho chega em casa e empilha um monte de papel da escola na bancada, o seu marido acrescenta uma revista de carros, e de alguma forma a coleira do cachorro aparece por lá também; agora você tem uma bagunça aleatória que a deixa estressada.

Classificar essa pilha exige mais energia do que o necessário porque cada item requer uma ação diferente. Você não consegue organizar em lotes uma pilha gigante.

Em vez disso, tenha uma área para coisas com prazo, e ataque essa pilha a cada uma ou duas semanas. Pague as contas, assine os formulários, responda aos convites uma única vez.

Eu adoro me sentar com meus papéis da área de coisas com prazo porque sei com o que estou lidando. Posto que já os classifiquei na área correta quando chegaram em casa, lidar com esses papéis leva apenas alguns minutos.

Dica Bônus #1: Anote essa tarefa na sua agenda ou prepare o alarme do seu celular para lembrá-la de examinar a pilha a cada duas semanas.

Dica Bônus #2: Coloque os papéis que precisam de atenção imediata em cima da geladeira, em cima da sua bolsa, ou em qualquer outro lugar que possa ser uma área de "Não se Esqueça Disso".

A Área da Reciclagem

Não perca seu tempo com papéis que não tenham implicações imediatas ou futuras. (Estou olhando para vocês, catálogos.) Alguns papéis precisam ir diretamente para a área de reciclagem.

Eu até gostaria de ser o tipo de pessoa que gosta de folhear e comprar em catálogos, porém, isso só me dá mais trabalho: porque acabo comprando mais coisas do que realmente cabe na minha casa e inevitavelmente indo ao correio para devolver aquilo que não gostei. Não, obrigada.

Catálogos, encartes de cupons de restaurantes que nunca escolhemos ir, e todos os outros tipos de lixo postal precisam ser removidos do seu espaço agora mesmo. Se você deixar esses papéis se misturarem com os importantes, a organização será mais irritante e levará mais tempo.

Em vez disso, quando entrar em casa com uma pilha de correspondências, vá em frente e livre-se de tudo que não vai precisar. Isto é mais destralhar do que organizar em lotes, porém, é uma etapa essencial para criar tempo para o que você *vai* organizar em lotes.

A Área para Artes

Eu tenho três filhos que pintam e desenham como se suas vidas dependessem disso. (Tenho certeza que para o meu filho do meio, depende). Os projetos de arte que eles fazem em casa se juntam com os papéis da escola e da igreja, e em pouco tempo estamos submersos em páginas para colorir e desenhos do Mario.

Por termos tantos projetos em vários estágios de conclusão, é ingenuidade ordená-los todos os dias por duas razões: leva muito tempo, e algo que tem valor hoje pode não ter valor amanhã.

Entre na área para artes.

Nós temos uma cesta gigante — estou falando de uma cesta que caberia quíntuplos recém-nascidos—para onde vai todo o papel de arte. Cada página colorida da escola dominical, cada pedaço de papel recortado, cada obra de arte completa vai para essa cesta.

Quando a cesta está cheia, e nem um segundo antes, começo a classificação. Talvez o processo leve uns vinte minutos. Eu separo os papéis em categorias: manter, descartar e reutilizar. Se a minha pilha de itens para manter tiver vinte desenhos da *Mona Lisa,* posso ver facilmente com qual dos três quero ficar. Se eu tivesse que decidir todos os dias quais manter, poderia ficar com todas as vinte versões sem perceber que os meus filhos estavam desenhando a mesma coisa repetidas vezes.*

Os papéis mantidos vão para uma caixa de plástico que está repleta de trabalhos de arte muito amados, e quando essa caixa estiver cheia (que ainda não está depois de nove anos), descobrirei o que fazer com ela. Os papéis que vamos reutilizar voltam para o armário de artes, e o restante vai para o cesto de reciclagem.

Eu notei a contradição que é sugerir um lugar gigante para guardar os trabalhos de arte quando havia dito para fazer exatamente o contrário com suas correspondências. Mas classificar trabalhos de arte dos seus filhos é uma tarefa diferente de pagar contas. Você não precisa olhar toda a correspondência para saber o que fazer com um extrato bancário. Porém precisa olhar todas as artes para saber o que vale a pena guardar e o que foi divertido apenas durante o processo.

Alguns papéis precisam ser identificados com frequência, como as contas, e outros nem tanto, como os projetos de arte. Não importa a sua frequência em lidar com esses papéis, tenha uma área para mantê-los até que você esteja pronta.

A Área para o Futuro

Você recorta algumas páginas de revistas. Tem uma receita escrita à mão da melhor casserole de todos os tempos, porque implorou pela

---

* Este número não é exagero. Meu filho do meio desenhou provavelmente mais de cem versões da *Mona Lisa* quando tinha 7 anos.

receita para um colega de trabalho depois que ele levou esse prato em uma reunião da equipe. Nós temos muitos papéis que serão divertidos para o futuro, mas nem sempre eles têm um lugar para ficar. Solução? Crie uma área para o futuro.

Coloque todo esses recortes de revistas e rabiscos aleatórios em um único lugar e então lide com eles de uma vez. Coloque as receitas em uma planilha, tire fotos dos recortes dos quartos inspiradores e os coloque em uma pasta no Pinterest, ou adicione tudo no Evernote. Não importa tanto o que vai fazer com os papéis; o que importa é que você vai lidar com eles de uma única vez *em um só lote*.

COMIDA

Escolher, preparar e cozinhar a comida é onde a organização em lotes realmente se destaca. Visto que comemos várias vezes por dia, otimizar o processo fazendo determinadas tarefas todas de uma única vez deixará sua vida muito mais fácil. Vamos examinar algumas maneiras possíveis.

Planejamento de Refeições

O planejamento de refeições por si só é uma forma de organizar em lotes. Você está fazendo uma tarefa — decidindo o que terá para o jantar — tudo de uma vez, independentemente se for para alguns dias, uma semana, um mês, ou qualquer intervalo que a deixe feliz. Ao tomar essa decisão uma única vez, você deixa espaço para outras escolhas mais tarde.

Eu também facilito o planejamento de refeições combinando-o com o princípio de decidir uma única vez. Em vez de escolher as refeições através de um número infinito de fontes, eu, com frequência, me limito a só um livro de receitas e a uma lista do que eu chamo de Brainless Crowd-Pleasers(Receitas Fáceis que Agradam a Todos). Esses jantares são fáceis tanto para mim quanto para o meu marido preparar, e normalmente agradam a minha família. Eu decido uma única vez qual o livro de receitas e qual lista vou usar no mês seguinte. Dessa forma, eu organizei em lotes a tomada de decisão do planejamento das refeições.

Preparação da Refeição

Se você criar um plano de refeição e perceber que duas receitas usam o mesmo ingrediente — cebolas picadas, por exemplo — então já pique as cebolas ao mesmo tempo para as duas receitas. Você já está fazendo a tarefa; não dificulte as coisas fazendo-as mais vezes do que precisa.

De qualquer forma, você não tem que criar um planejamento de refeição para organizar em lotes a sua preparação. Se chegar em casa com vários pacotes de frango que comprou na promoção, não os empurre para o fundo do freezer para se perderem, ficarem queimados pelo congelamento e terem suas possibilidades desperdiçadas. Organize em lotes a preparação dos frangos.

Tempere todo o frango com sal, porque não importa como irá prepará-lo, ele precisa ser desembalado e temperado. Você pode guardá-los em sacos individuais para freezer para facilitar o jantar mais tarde (olá, Pergunta Mágica), ou você pode ir além e cortar o frango em pedaços, porcionando-o em sacos e enchendo estes com uma grande quantidade de marinada feita em casa ou alguma outra que você comprou no mercado e adora.

Se você tem uma tarefa de preparação que precisará fazer mais de uma vez, mas *pode* fazer tudo agora, organize em lotes.

Arrumando as Compras do Mercado

Depois de uma ida ao mercado, a tendência é esvaziar as sacolas e ir guardando o que você retira primeiro. Entretanto, ter que ficar mudando as coisas no armário constantemente para dar espaço para outras pode ser frustrante.

Em vez disso, desfaça as suas compras em áreas e então guarde-as ao mesmo tempo — área da geladeira, área do freezer (provavelmente é uma boa ideia começar com a primeira), área da despensa, e assim por diante.

Eu adoro guardar as compras do mercado em lotes junto com a família. É fácil tropeçar um no outro quando várias pessoas estão tentando colocar uma lata no mesmo lugar. Com áreas separadas, um membro da família cuida de uma e não fica no caminho de mais ninguém.

Se você quer levar os seus lotes de compra para um próximo nível, uma boa maneira é ensacar no mercado as suas compras em lotes. Coisas que vão para a geladeira nessa sacola, coisas que vão para o freezer naquela outra... e quando chegar em casa, guarde tudo em lotes sem nem ter que pensar nisso.

ORGANIZAR EM LOTES OS CARTÕES DO DIA DOS NAMORADOS DA ESCOLA

Se você não me achava louca o suficiente, se prepare.

Para os cartões da escola, não vá do início ao fim em cada um. Faça as tarefas individuais uma de cada vez.

Primeiro, destaque todos aqueles cartões de uma única vez. Depois escreva os nomes de todos os colegas na área "para" de uma só vez para que possa ir até o fim da lista sem se perder. Depois, escreva o nome do seu filho porque este é fácil (exceto quando você está falando com ele; tudo é difícil). Termine colocando todos os cartões em envelopes.*

Fiz o processo das duas maneiras, e garanto que em lotes é mais rápido e requer menos raciocínio. O piloto automático é ótimo para projetos que não são tão importantes assim.

NÃO FAÇA ISSO SE NÃO AJUDA

Só organize em lotes se isso tornar a sua vida mais fácil.

Se você gosta de olhar os desenhos dos seus filhos todos os dias ou guarda as suas compras quando tem vontade, *oh meu Deus, vá*

---

* Ou esquecer uma criança. Isso nunca aconteceu comigo. Jamais. Nenhuma vez. (Sim, já aconteceu.)

em frente. O objetivo da organização em lotes, e de qualquer um desses princípios, é deixar a sua vida mais fácil onde não importa e te dar mais energia e tempo onde importa.

Se organizar em lotes te deixa estressada, não faça. Só vale a pena se ajudar.

RECAPITULANDO

- Organizar em lotes é fazer o mesmo tipo de tarefas todas de uma vez.
- Entrar no piloto automático enquanto organiza em lotes não faz de você um robô, em vez disso lhe dá tempo para o que importa.
- Procure por tarefas que você repita com frequência ou tenha que desfazer, e veja se organizar em lotes pode ajudar.

— UM PEQUENO PASSO —

Limpe a sua cozinha hoje a noite usando áreas, e veja se acelera o processo.

Organizar em lotes é uma ótima ferramenta para a sua casa, mas essas ferramentas só ajudam quando você sabe quais partes da sua vida são indispensáveis. Do contrário,você está desperdiçando ferramentas no que não importa.

A seguir vamos essencializar.

ESSENCIALIZE

Princípio do Gênio Preguiçoso #10

Enquanto escrevo estas palavras, estamos no meio da Quaresma, e decidi durante essa curta temporada dar um tempo no Instagram. Inicialmente, quando esta ideia veio à minha mente, eu rapidamente a descartei. Parece-me que a narrativa dominante é a de que o Instagram ou é totalmente bom ou é ruim. Ou você é preguiçosa e deixa que ele conduza completamente a sua vida e sequestre a sua mente, ou você é genial porque o deletou do seu celular e nunca se deixou levar. Pessoalmente, não tenho essa visão binária, mas pensei comigo mesma se a minha decisão de dar um tempo durante a Quaresma me colocaria no grupo "Instagram é ruim".

Eu leio o livro de Greg McKeown *Essencialismo* todo ano, então o conceito dele de escolher e ignorar intencionalmente se tornou parte da minha essência. Enquanto pensava sobre o Instagram, eu sabia que o pensamento tudo ou nada seria desnecessário, mas que o essencialismo seria integral. Uso muito o Instagram no meu trabalho, porém me tornei preguiçosa para monitorar a frequência — e ainda mais importante *para quais propósitos* — que eu o acessava.

Eu havia esquecido o que importava.

Durante as últimas semanas da Quaresma, eu me lembrei.

Eu sinto falta de ver o que os meus amigos verdadeiros mostram para o mundo. Sinto falta de dar risadas com o Instagram do

Comments by Celebs. Sinto falta de ver o James McAvoy ao vivo em uma montanha na Escócia. Participar da vida dos meus amigos, dar risada e olhar para o James, tudo isso importa para mim.*

E o que não importa? Propagandas que me fazem comprar coisas que eu penso que preciso, mas não preciso; contas que sigo porque são atraentes, mas costumam me levar à comparação em vez de diversão; e ficar horas olhando quando estou entediada. Não sinto falta disso nem um pouquinho.

> **Se não é essencial, é apenas confusão.**

Adivinhe o que acontecerá quando a Quaresma acabar?

Vou essencializar o Instagram.

Agora que identifiquei o que importa, posso parar de seguir ou silenciar contas que não contribuem com essas coisas. Chega de feeds que me levam para o caminho da comparação, do julgamento ou da perda de tempo.

Se não é essencial, é apenas confusão.

POR QUE ESSENCIALIZAR IMPORTA

Se você quer abraçar o que importa e descartar o que não importa, precisa *saber* o que importa.

> **Quando você enche a sua vida com coisas que não são essenciais para o que importa, involuntariamente acrescenta confusão, e administrar confusão é parte da causa do seu cansaço.**

Isso é verdade não apenas para o quadro de declaração de propósito de vida em cima do seu sofá, mas também para o que está nas suas gavetas, na bolsa e na sua agenda.

Identificar o que importa mostra o que você precisa para contribuir com isso.

Identificar o que importa mostra o que é *essencial*.

Quando você enche a sua vida com coisas que não são essenciais para o que importa,

---

* Meu marido sabe o quanto eu adoro James McAvoy. Estamos de boa.

involuntariamente acrescenta confusão, e administrar confusão é parte da causa do seu cansaço.

Você já jogou MASH quando era criança? Era um jogo que previa aonde você iria morar (MASH é um acrônimo em inglês para as palavras *mansion* [mansão], *apartment* [apartamento], *shack* [barraco], e *house* [casa], com quem se casaria (por que o que seria de uma menina de 12 anos sem um futuro marido?), que trabalho teria, e quantos filhos inevitavelmente acabariam com a sua carreira para sempre.[*]

Nós acreditamos que a vida é feita de grandes decisões, de que onde você mora é mais importante do que *como você vive seu dia a dia*. Em vez disso, lembre-se da importância de começar pequeno. As pequenas escolhas que fazemos várias vezes e todos os dias contribuem mais para uma vida significativa do que as grandes decisões.

> **Nós acreditamos que a vida é feita de grandes decisões, de que onde você mora é mais importante do que *como você vive seu dia a dia*.**

Quanto mais você escolhe o que é essencial e intencionalmente opta pelo que importa, menos confusão tem para administrar e tem mais energia para uma vida gratificante.

ADICIONAR PARA SUBTRAIR

Se você é como eu, certamente já procurou por satisfação adicionando coisas na sua vida.

Você se sente insatisfeita ao escolher suas roupas, então compra mais. Sente-se sobrecarregada no trabalho, então adiciona mais atividades antiestresse à sua agenda para compensar. Você se sente pouco competente para fazer uma refeição deliciosa, então compra mais aparelhos de cozinha e um novo conjunto de potes e panelas para compensar sua inabilidade.

Você adiciona para se sentir satisfeita, porém é uma satisfação vazia e passageira.

---

[*] Agora estou percebendo o quão esse jogo se baseia fortemente em esteriótipos de gêneros.

E agora você tem mais confusão para administrar.

A verdadeira realização vem da *subtração,* de remover tudo que desvia você do que importa e deixando apenas o que é *essencial.*

Essa é a raiz do essencialismo, e sou tão grata que Greg McKeown foi esperto o suficiente para tornar este conceito um verbo, e assim podemos ter vidas melhores abraçando o que importa e nos livrando do que não importa. McKeown escreveu: "Um Essencialista faz escolhas deliberadamente".[5]

O mesmo faz um Gênio Preguiçoso. Sei que é desmotivador eliminar itens e compromissos e até mesmo relacionamentos que a impedem de viver uma vida que importa para você. Adicionar é divertido. Comprar coisas é divertido. Ontem fui a Hobby Lobby comprar papel aquarela para os meus filhos e tive que me forçar a sair da loja com somente aquilo que fui comprar.

Será que sou uma má pessoa por querer comprar outro enfeite de cerâmica para colocar na minha mesa? Claro que não. Mas ao essencializar, estou fazendo escolhas. Prefiro ter superfícies menos entulhadas e portanto mais fáceis de limpar, do que ter outra quinquilharia. Prefiro guardar esses doze dólares para o fundo de viagem de carro da família do que gastá-lo em uma compra rápida.

> **A verdadeira realização vem da *subtração*, de remover tudo que desvia você do que importa e deixando apenas o que é *essencial*.**

A compra em si não é o problema. Ainda compro coisas e adoro. Porém, conhecendo e identificando o que importa me ajuda a escolher apenas o que é essencial.

Subtrair confusão adiciona significado ao que você já tem.

Agarre o que é essencial.

O PODER DA ESCOLHA

Eu não sei dos detalhes do porquê ou de como você vive do jeito que vive, mas é justo presumir que talvez você tenha esquecido que tem a capacidade de decidir como viver. Você tem mais controle sobre as suas decisões do que imagina, desde que *se lembre* de escolher.

No Princípio do Gênio Preguiçoso #2, falamos do poder de começar pequeno, de como as pequenas decisões têm um impacto enorme. É fácil fazer, comprar e agendar do jeito de sempre, mas se você está escolhendo o que não tem importância, está escolhendo confusão.

Você pode escolher de maneira diferente.

No entanto, quando eu digo que você tem uma escolha, estou me referindo se você compra ou faz os cupcakes para a festa de Natal da empresa, se decide redecorar o seu quarto, e o que você escolhe não comprar para economizar e ver pela primeira vez o Noroeste Pacífico.

Quando falo sobre apoiar o que importa, é fundamental reconhecer que o que importa é pessoal e altamente afetado por nosso lugar na sociedade e no mundo. E enquanto eu me importo profundamente que todos vivamos com dignidade, reconheço que minha perspectiva disso é fortemente influenciada pelo fato de eu ser uma mulher branca da classe média nos EUA. Eu tenho uma garagem e uma grana reservada para as férias e nunca tive que deixar de comer para que os meus filhos comessem. Eu disponho do luxo de poder ter quantos cardigãs eu quiser. Eu vivo com um grande privilégio, e talvez você também.

Ou talvez não.

Nossas habilidades individuais de escolher são afetadas por problemas como marginalização, abuso, trauma e preconceito. Eu cresci em um lar abusivo, e a escolha nem sempre fez parte da equação. Não quero bancar a depressiva, mas é algo importante a se reconhecer.

Sim, todos vivemos com escolhas, mas algumas pessoas têm um caminho mais fácil para implementar essas escolhas do que outras. Simplesmente quero que você saiba que eu vejo essa realidade e que vejo você.

No entanto, não importa o formato e a velocidade das nossas vidas, todos ansiamos por sentido. Queremos que o nosso tempo na Terra, nas nossas casas e com o nosso pessoal seja importante.

Então, vamos essencializar.

COMO SABER SE ALGO É ESSENCIAL

Alguns anos atrás, eu quis aprender tricô. Fui a um armarinho e comprei uma dúzia de novelos com belos fios, meia dúzia de agulhas de tamanhos variados e encontrei vários blogs com moldes para experimentar. E será eu que aprendi a fazer tricô? Hum, não. Porque não essencializei.

Eu sabia que aprender tricô era algo que importava. Mas, por quê? Em retrospecto, sei que era para adicionar simplicidade à minha vida e para ter algo que pudesse fazer calmamente e sem pensar, no fim do dia. Mas, na época, eu não o identifiquei.

Você tem que saber *por que* algo importa para poder saber o que é essencial.

O que eu precisava era de um projeto simples para aprender tricô. E o que era essencial para apoiar isso? Um novelo de lã, um conjunto de agulhas e um tutorial bem avaliado no YouTube.

Em vez disso, o que consegui foi o caos, não a calma. Eu tinha escolhas demais, portanto distrações demais do que era essencial. Eu não comecei pequeno. E nunca aprendi a tricotar.

Eu tornei o processo muito confuso para me lembrar do que importava.

Eis outro exemplo: Eu costumava ter uma prateleira do armário repleta de tipos diferentes de chás. Chá importa para mim? Na verdade, sim. Adoro o ritual de fazer uma xícara de chá quente em uma tarde fria. Isso me acalma, e é algo que importa.

O que não importa é ter quinze sabores diferentes de chá para escolher. De qualquer maneira, sempre escolho o Earl Grey, então por que continuo comprando os outros tipos? Eles não são essenciais, e tudo que fazem é criar confusão.

Fazer chá importa, e estarei mais disposta a fazê-lo se não tiver que procurar entre os seus vários tipos para encontrar o meu amado Earl Grey.

Uma escolha é essencial somente se acrescentar diretamente valor ao que importa *para você*.

ESSENCIALIZE EM TRÊS PASSOS

McKeown esquematizou três passos para nomear o que é essencial, e eu farei o mesmo, adaptando para a vida de um Gênio Preguiçoso. Quando estiver escolhendo o essencial para um cômodo, um hábito, ou um relacionamento, considere isso:

1. Identifique o que realmente importa.

2. Retire o que estiver no caminho.

3. Mantenha apenas o essencial.

O nosso banheiro de visitas tem um aspecto um pouco desagradável, e se eu esquecer o que importa naquele espaço, acrescentarei confusão, estresse e um monte de coisas desnecessárias.

Permitam-me um tour. Tem uma janela esquisita que na verdade não é uma janela embora tenha persianas, e a pintura está descascando terrivelmente.

A parede próxima do vaso sanitário está coberta de marcas de lápis porque um dos meus meninos fez o dever de matemática enquanto usava o banheiro e não tinha papel de rascunho, então ele escreveu na parede.

Na parede mesmo.

Há também uma mesinha de cabeceira abandonada que não combinava com a decoração, mas ficamos com ela porque precisávamos de um lugar para colocar toalhas e papel higiênico e não queríamos comprar nada novo.

É óbvio que o banheiro não está na sua condição ideal, mas adivinhe?

Isso não importa.

O primeiro passo é identificar o que importa. E o que importa sobre o nosso banheiro de hóspedes é oferecer, para quem usá-lo, uma experiência razoavelmente agradável, funcional e limpa.

O segundo passo é retirar o que estiver atrapalhando — a toalha de mão suja de creme dental, a pilha de livros do *Calvin e Haroldo* que está no chão,* e minhas expectativas de um banheiro que pareça planejado por Joanna Gaines.

O terceiro passo é manter apenas o essencial: sabonetes perfumados, papel higiênico em grande quantidade, um frasco de desodorizador, caso alguém precise usar o banheiro, e lenços de limpeza Clorox na mesinha do gabinete para deixar a limpeza mais fácil e rápida.

Claro, o banheiro pode até parecer uma foto do "antes" de um programa de reforma, mas o essencial está garantido, e isto é o que importa.

Todos os dias, eu economizo muita energia física e mental ao escolher estar de bem com o banheiro do jeito que ele é, ao escolher o que importa para mim e ignorando o resto. Talvez chegue uma hora em que o banheiro seja importante, mas agora não é.

Isso significa que se você quiser que o seu banheiro seja uma foto do "depois", uma de nós está certa e a outra errada? Definitivamente não. É fácil atrair-se pelo que importa para os outros, mas que não tem importância para você. Lembre-se, escolher o que importa para você não a torna melhor ou pior do que alguém que escolhe de maneira diferente.

Agora, vamos olhar alguns exemplos de como essencializar funciona na vida real.

Estudo de Caso sobre Essencializar #1: Vestindo-se

Já que não conheço você ou o seu guarda-roupas, usarei o meu como exemplo.

Primeiro, eu preciso identificar o que importa sobre me vestir. É simples — quero escolher facilmente roupas que façam me sentir eu mesma. É importante que essa decisão seja tomada sem dificuldades e que a primeira roupa que eu experimente seja aquela que eu vá usar.

---

* A hora da leitura no banheiro das crianças, não a minha.

Segundo, eu preciso retirar o que está no caminho. Para mim, isso inclui excesso de escolhas, roupas que não caem bem e que não são exatamente o meu estilo.

Terceiro, preciso manter apenas o essencial, que inclui todas as minhas roupas favoritas pretas, brancas e jeans. Não me sinto eu mesma quando visto roupas coloridas. Roupas pretas ou brancas, por favor.

Agora o meu guarda-roupas e o processo de me vestir estão essencializados. Eu identifiquei o que importa para mim e tornei o meu ambiente compatível, mantendo apenas o que é essencial e me livrando de tudo que não é.

Aqui está uma boa notícia. Se ter muitas opções de roupas importa para você que adora se expressar criativamente através do que veste, o seu armário essencial será diferente do meu, e *deve ser.*

Não suponha que essencial signifique mínimo, especialmente se você adora um guarda-roupas grande repleto de escolhas.

Estudo de Caso sobre Essencializar #2: Gastando Dinheiro

Não vou falar por você quando se trata do seu dinheiro, então vamos falar sobre o meu.

Primeiro, Kaz e eu precisamos identificar o que importa com o nosso dinheiro.

Queremos ser fiéis aos nossos princípios. Sei que parece resposta de escola dominical, mas é a verdade. Como um casal, nós passamos por todo tipo de situação financeira. Cursamos a faculdade no mesmo tempo, comendo mais macarrão barato do que deveríamos. Vivemos com salário de professor de escola pública, em que cada centavo importava. Temos mais liberdade agora porque nós dois estamos contribuindo para a nossa conta bancária, mas em cada situação, queremos ser fiéis aos nossos princípios. O que importa para nós é fazer escolhas responsáveis, doar generosamente, e usar o nosso dinheiro para experimentar o mundo como uma família.

Segundo, precisamos identificar o que está atrapalhando o que importa e remover isso. A resposta é qualquer coisa que nos impeça de sermos racionais nos nossos gastos: compras impulsivas, comprar algo de que não precisamos só porque está na promoção, ou esquecer que cada centavo pode fazer uma grande diferença.

Terceiro, precisamos manter apenas o essencial. Com base no que importa, o mais essencial é controlar o que gastamos. Se eu esqueço de colocar uma despesa no meu aplicativo de orçamento, muitas vezes adio a inserção da próxima despesa. E então da seguinte. Uma semana mais tarde, sento-me com minha bolsa cheia de recibos sem saber direito como andam nossas despesas semanais. É essencial que eu controle os nossos gastos conforme aconteçam, para ficarmos alinhados com o que importa.

Você provavelmente desejará algum nível de racionalidade nos seus gastos também, e será muito mais fácil de garanti-lo se você souber o que importa. Se você só diz "Quero gastar de uma maneira mais sábia" sem nenhum motivo concreto, não está essencializando.

Estudo de Caso sobre Essencializar #3: Limpando o Banheiro

Acho que eu não tenho palavras suficientes para descrever como odeio limpar o banheiro. É empoeirado, molhado e cheio de substancias inenarráveis, e sempre sinto que preciso de um banho quando termino de limpá-lo.

Ainda assim, nós precisamos de banheiros limpos, pelo menos na maior parte do tempo. Como posso essencializar o processo para fazê-lo com mais frequência sem perder a minha paciência?

Primeiro, preciso identificar o que importa em relação à limpeza do banheiro. E o que importa é terminar o mais rápido possível.

Segundo, preciso me perguntar o que posso eliminar que está me desviando do que importa. Antes de mais nada, eu tenho muitas escolhas de produtos de limpeza. Às vezes me esqueço onde eles estão, então preciso eliminar esse obstáculo simplificando os meus produtos de limpeza. Também posso me livrar da minha repulsa não esperando até o banheiro ficar nojento.

Terceiro, preciso manter apenas o que é essencial. Com base no que importa e nos obstáculos que me afastam disto, meu essencial é limpar os banheiros uma vez por semana antes que fiquem nojentos, mantendo-os nesse meio tempo o mais organizado possível para poder limpá-los mais rapidamente, e tendo só um produto de limpeza no banheiro, assim não fico pela casa procurando por outros e perdendo minha paciência em vez de limpar.

VOCÊ PODE ESSENCIALIZAR QUALQUER COISA

A sua gaveta de talheres deixa você maluca? Talvez ela esteja muito cheia porque você se sente compelida a pegar coisas gratuitas de qualquer pessoa que as ofereça e agora tem mais talheres do que precisa.

As suas maquiagens deixam você maluca? Talvez você use apenas cinco produtos, mas tem que ficar procurando entre os trinta para encontrá-los.

O esquema de transporte solidário está deixando você maluca? Talvez esteja esquecendo de que buscar seu filho e recebê-lo com um sorriso é mais importante do que se aborrecer com a desorganização do transporte solidário.

Lembre-se, em todas as coisas, comece pequeno. Você não precisa essencializar cada detalhe da sua vida hoje, mas ao sentir o incômodo da bagunça emocional ou real, essencialize esse espaço.

RECAPITULANDO

- Essencial não quer dizer mínimo; significa simplesmente eliminar o que te desvia do que importa.
- Identifique o que importa, elimine o que estiver atrapalhando, e mantenha apenas o essencial.
- Você escolhe. Não deixe ninguém escolher o que importa para você.
- Você pode essencializar qualquer coisa, então, não hesite, tente. Apenas comece pequeno.

— UM PEQUENO PASSO —

Essencialize a sua gaveta de talheres.

Uma vez que a sua casa segue na direção do que é essencial (lembre-se, não faça tudo de uma vez), você descobrirá que algumas tarefas são muito mais simples. Mas, mesmo assim, às vezes a ordem na qual você faz as coisas importa, independentemente do quanto você essencializou na sua vida.

A seguir, vamos falar sobre seguir a ordem correta.

SIGA A ORDEM CORRETA

Princípio do Gênio Preguiçoso #11

Nos primeiros anos de casamento, eu reparei que Kaz lavava alguns pratos à mão, mesmo tendo espaço na lava-louças.

Desculpe, mas *por quê*?

Parecia uma maluquice total. Será que ele não percebia que estava lavando algo que talvez não precisasse? Ainda há espaço naquela máquina mágica, Novo Marido. O que você está fazendo?!

Isso me enlouquecia.

Em retrospecto, ele *estava* seguindo a ordem errada, assim como eu. Enquanto ele começava com uma tarefa errada, eu começava com uma mentalidade errada.

Seguir a ordem correta ajuda com a eficiência, mas se fizer da eficiência o seu objetivo principal, você está entrando demais no território do gênio. Está se esforçando demais nas coisas erradas e acabará ficando brava com o seu marido prestativo porque ele não está sendo eficiente.

A maneira preguiçosa é mais provavelmente uma mentalidade padrão do que uma escolha ativa. Não é que você não queira fazer as coisas na ordem certa, simplesmente não está ciente de que exista uma. O cérebro de algumas pessoas não está condicionado para perceber as tarefas dessa forma.

Se for o seu caso, espero que este capítulo dê a você uma visão de como seguir a ordem correta pode beneficiar a sua vida de maneiras que você nem imagina.

Se você é um gênio quando se trata de ordem, vamos começar assim.

A ORDEM CORRETA PARA TUDO

Qualquer atividade, desde preencher uma planilha até uma conversa difícil, pode ser melhorada seguindo estes três passos:

1. Lembrar do que importa.

2. Acalmar a tensão.

3. Confiar em si mesma.

A falta de passos tangíveis está matando você, não é mesmo? Não vou dizer para você trabalhar despreocupadamente que tudo ficará bem, mas as suas tarefas diárias e práticas terão mais impacto se você começar por aqui.

UM CURSO INTENSIVO

Supondo que você ainda precise de uma pequena ajuda para identificar o que importa, especialmente no que diz respeito às tarefas irritantes do dia a dia, aqui vão algumas ideias.

Organizar não se trata de arrumar a bagunça da sua família repetidas vezes, porque eles são animais ingratos e você tem que fazer tudo. Organizar é abrir espaço para uma nova bagunça proposital.

Trocar os lençóis não é criar uma desorganização visual em cada quarto. Trocar os lençóis é oferecer o conforto de deitar em uma cama limpa.

Exercício não é algo que você faz para ficar magra e ser aceita. Exercício é o ritual de cuidar do seu corpo e liberar o estresse.

PASSO #1: LEMBRAR DO QUE IMPORTA

A base do Gênio Preguiçoso é primeiro lembrar o que importa. Se você começar de qualquer outro lugar, estará começando do lugar errado. Ao lembrar do que importa em qualquer tarefa, facilmente verá o que é essencial e o que não é, o que você pode fazer agora para facilitar as coisas mais tarde, como a estação da sua vida está afetando essa tarefa e muitos outros princípios do Gênio Preguiçoso.

Sempre comece com o que importa.

PASSO #2: ACALME A TENSÃO

Uma vez que você lembrar do que importa e se permitir uma boa e velha renovada, pode dar o próximo passo: acalme a tensão. Afinal de contas, esse é o objetivo da vida, certo? Você está cansada de se sentir como uma galinha sem cabeça ou um hamster em sua roda. Você quer menos tensão e muito mais calma.

Lavar roupa não é um teste de quanto controle você tem da sua vida. Lavar roupa é uma chance de repor os seus armários com roupas que ajudem você e o seu pessoal a se sentirem confortáveis e a se expressarem.

Limpar a cozinha não é ter que suportar uma tarefa interminável. Limpar a cozinha é arrumar espaço e abastecer armários e gavetas com comida e recursos para criar conexão em volta da mesa.

Arrancar ervas daninhas do jardim não é um castigo (exceto quando eu era criança e contava uma mentira). Arrancar ervas daninhas é uma oportunidade de abrir espaço para que suas flores favoritas cresçam.

Limpar a sua casa não é um fardo constante nos seus ombros. Limpar a sua casa é uma maneira de cuidar do seu lar e criar espaço para o que importa.

Quando começar uma atividade, lembre-se do que importa e pergunte-se: *Qual a única coisa que posso fazer que acalmará mais a tensão?*

Nós já falamos sobre isso no princípio do Gênio Preguiçoso de desenvolver as rotinas certas, que tem um quê de Pergunta Mágica. Se você começar uma tarefa com uma única coisa que tenha um impacto imediato, você pode acalmar a tensão mais rapidamente e, quem sabe, até venha a gostar do que está fazendo.

PASSO #3: CONFIE EM VOCÊ

Uma vez que você se lembrou do que importa e acalmou a tensão, provavelmente saberá de maneira intuitiva o que fazer a seguir. Mas precisa confiar em você.

Você pode achar que é mais fácil falar do que fazer, especialmente quando as pessoas nem sempre confiam no que você fala, como quando você diz para o seu médico que há algo errado com o seu corpo e ele te manda dormir mais. Ou quando, ao se sentir vulnerável, conta para uma amiga algo que você descobriu sobre a sua personalidade e ela desdenha e responde: "Ah, não te vejo dessa maneira".

Se as outras pessoas não acreditam em você, é realmente muito fácil rejeitar a si mesma.

No entanto, você *pode* confiar em si mesma. Na verdade, é vital que confie.

Durante anos, tenho criado vários recursos para ajudar as mulheres a tornarem suas vidas mais fáceis, e muitos deles requerem preencher algo. Você sabe com que frequência as mulheres se recusam a escrever com medo de errar? Você acredita que recebo várias perguntas por dia sobre como eu pessoalmente faço uma tarefa porque as mulheres são inseguras com suas próprias escolhas?

Você pode confiar em si mesma.

Você conhece a sua vida e a sua personalidade muito melhor do que eu, portanto, *é a melhor pessoa para saber do que você precisa.* Sim, os outros têm ótimas ideias, e é um presente poder ouvi-las e recebê-las, mas não à custa de sua própria voz .

Confie em você.

Mesmo se estivermos falando sobre seguir a ordem correta de algo básico como lavar roupa, a sua voz importa. Sem confiar em si mesma, você ouvirá a minha sugestão como uma regra, mesmo que a sua intuição saiba, melhor do eu, do que você precisa.

> Você conhece a sua vida e a sua personalidade muito melhor do que eu, portanto, *é a melhor pessoa para saber do que você precisa*. Sim, os outros têm ótimas ideias, e é um presente poder ouvi-las e recebê-las, mas não à custa de sua própria voz.

Vamos abordar maneiras práticas e específicas de seguir a ordem certa, mas qualquer ordem começa melhor com esses três passos:

1. Lembrar do que importa.
2. Acalmar a tensão.
3. Confiar em si mesma.

ESTUDO DE CASO #1: GUARDANDO AS CANETINHAS

Meus filhos colorem o tempo todo, então, temos várias canetinhas. Passava centenas de tardes recolhendo várias delas e suas tampas jogadas debaixo das cadeiras, atrás das cortinas e nos meus pesadelos.

Sério, por que essas crianças não param de me dar coisas para fazer?

Pessoal, vocês usam muitas canetinhas!

Mas meus filhos amam arte. Eles adoram colorir, imaginar e desenhar os seus próprios quadrinhos.

Quando começo com o que importa, minha perspectiva muda e eu me sinto bem menos nervosa. Em vez de ver a procura diária pelas canetinhas como algo irritante, eu a vejo como uma redefinição do que importa — criatividade.

Em seguida, eu me pergunto o que posso fazer para acalmar a tensão com as canetinhas, e a resposta é criar um lugar fácil para guardá-las. (E é bom colocar tudo no seu devido lugar.) Você percebeu como todos esses princípios conversam entre si?

Durante um tempo, as canetinhas ficavam em suas embalagens rasgadas, entulhando gavetas diferentes, e passeando no quarto das crianças. Era normal encontrar várias delas no meu banheiro. Tipo, *como assim*?

Então, acalmamos essa tensão. Pegamos um cesto gigante para colocar as canetinhas e encontramos um espaço para elas próximo à mesa da cozinha, onde as crianças costumam colorir. Todos sabem que têm que colocar cada canetinha naquele cesto.

Agora é hora de confiar em mim mesma para o que vem a seguir. Os próximos passos não são sempre previsíveis, e isso é verdade com o cenário das canetinhas. Todavia, agora que me lembrei do que importa e acalmei a tensão, posso *ver*. Notei que a maior razão pela qual tantas canetinhas acabavam pelo chão era porque elas estavam secas. É claro que uma criança vai jogar no chão uma canetinha que não pinta!

O meu próximo passo é bem óbvio agora que já posso ver: me livrar das canetinhas secas. Não preciso jogar no Google "armazenamento de canetinhas" e nem procurar por soluções criativas no Pinterest. Tudo o que eu preciso fazer é lembrar do que importa, acalmar a tensão e confiar em mim mesma para saber qual é o próximo passo.

Talvez esta abordagem para sua lista de tarefas ou para os desafios que você enfrenta pareça simplista ou excessivamente emocional, mas, no seu método atual, você provavelmente está sobrecarregada com todas as opções e não sabe por onde começar.

Siga a ordem correta: Comece com o que importa. Acalme a tensão. Confie em si mesma.

ESTUDO DE CASO #2: LIMPANDO A CASA

Limpar a casa inteira é uma montanha terrível para se escalar, e é difícil saber por onde começar.

Comece com o que importa.

Se limpar a sua casa é cuidar do seu lar e abrir espaço para o que importa, pense nisso por um minuto. Respire. Dê a gratidão um segundo para ela se consolidar. Sei que você é ocupada e não tem tempo para acender um incenso toda vez que precisar aspirar a casa, mas lembrar do que importa é vital para saber quando deixar uma tarefa e quando se dedicar a ela.

Depois de se lembrar do que importa sobre uma casa limpa, pense sobre o que pode acalmar a tensão. A sua resposta será diferente de todas as outras pessoas, porque todas nós ficamos tensas por motivos diferentes.

Eu tenho a mais clara memória de um dos episódios do *Oprah Winfrey Show* em que uma pessoa da plateia dizia que fazia a limpeza nua. Quando ela tinha que limpar a casa, tirava a roupa e começava a trabalhar. Por quê? Ela se sentia suja enquanto limpava e não queria se preocupar com aquilo. Aparentemente, fazer limpeza sem roupa íntima acalmava a tensão dessa moça. Tem louco para tudo, minha amiga.

Que cômodo, se fosse limpo, faria com que a casa parecesse menos tensa para você? Que tarefa singular faria com que esse cômodo parecesse menos tenso? Acalme a tensão.

Para mim, a resposta é sempre o chão da sala de estar. Quando os brinquedos, os livros, as meias e os copos medidores que minha filha tirou das gavetas estão espalhados na nossa sala principal, sinto minha cabeça girar sem minha permissão. Quando a sala está organizada, fico tranquila. Essa tarefa singular de limpar o chão da sala muda como me sinto sobre a casa toda.

Chegou a hora de confiar no que vem a seguir. Não preciso da permissão de ninguém ou mesmo me concentrar no que é *melhor*. Fazer o que parece certo é um bom passo a seguir com base no que preciso, no tempo que tenho, e no quanto de energia estou preparada para gastar.

> ## NEM SEMPRE LIMPE O QUE ESTIVER MAIS SUJO
>
> *Talvez você pense que precisa limpar o cômodo que recebeu menos atenção da última vez que você fez uma limpeza. Mas, se basear a sua escolha apenas pelo que está mais sujo, talvez você desperdice o seu tempo em um cômodo que não importa. Pule o cômodo mais sujo se ele te impedir de cuidar de um espaço que deixa você e sua casa mais calmas.*
>
> *O cômodo sujo pode esperar.*

ESTUDO DE CASO #3: LIMPANDO O BANHEIRO

Você já sabe o quanto odeio esse cômodo horrível. E por que ele é o pior de limpar?*

Não vou mentir; é difícil me lembrar do que importa no banheiro porque o resultado final não é rápido. Mesmo assim, sei que me sentirei bem melhor quando ele estiver limpo e cheirando bem. Essa promessa me obriga.

No que diz respeito a acalmar a tensão, a coisa que me deixa meio maluca é poeira molhada.

Pense em quando você limpa o banheiro. Você joga o produto de limpeza na pia e no vaso sanitário e começa a esfregar. Mas aí, há umas sujeirinhas que continuam lá se movendo enquanto você esfrega! O que é isso?

É poeira, e você acabou de deixá-la molhada.

Núcleo da raiva ativado.

Fico maluca quando os meus esforços para limpar o banheiro parecem inúteis porque não consigo me livrar da poeira molhada,

---

* Eu posso pensar em muitos motivos, e a maioria envolve a palavra *urina*.

então o melhor jeito para acalmar a tensão com o banheiro é tirar a poeira primeiro.

Nada de sprays. Nada de pano molhado. Tire tudo das superfícies e então retire o pó.

O seu jeito de acalmar a tensão provavelmente será diferente do meu, mas essa poeira molhada é um gatilho violento para a minha raiva. Faz sentido para mim pensar nisso em primeiro lugar, não apenas para facilitar o processo de limpeza, mas também para melhorar minha atitude.

Então, faço o que acho que deveria naturalmente acontecer a seguir, que é limpar rapidamente as superfícies.

O banheiro está satisfatoriamente limpo, e eu não estou nervosa. Missão cumprida.

UMA BOA ORDEM PARA DEIXAR O BANHEIRO EXTRA LIMPO

1. *Tire toda a poeira.*

2. *Limpe todas as superfícies.*

3. *Borrife o produto de limpeza e deixe agir.*

4. *Varra ou passe um pano no chão.*

5. *Limpe a pia e vaso sanitário.*

6. *Limpe os espelhos.*

7. *Esfregue a banheira e o box.*

8. *Esfregue o chão.*

9. *Coloque todos os frascos e escovas nos seus lugares .*

10. *Tome um banho porque você merece.*

ESTUDO DE CASO #4: LAVAR ROUPA

Lavar roupa definitivamente importa, porque precisamos usá-las. Além de que, eu adoro pensar que lavar roupas é uma maneira de repor algo que vai deixar a mim e a minha família confortáveis. Ao selecionar, lavar e guardar as roupas com essa perspectiva em mente, posso encontrar mais facilmente a alegria na tarefa.

Depois de se lembrar do que importa para *você* sobre como lavar roupas (porque pode ser algo totalmente diferente), pergunte a si mesma o que pode fazer para acalmar a tensão.

Tudo vai depender do que faz você se *sentir* tensa.

Para mim, se eu me esforço para separar e lavar pensando no destino das roupas (lembra-se da organização em lotes?), quero que esse esforço compense. Fico louca quando começo a separar um lote de meias e roupas íntimas, e depois encontro um par de meias sujas perdido pela casa.

Acalmo a minha tensão recolhendo cada peça de roupa suja pela casa antes que eu comece o primeiro monte. Do contrário, eu perco o poder de organizar em lotes porque não tenho todas as roupas juntas de uma vez.

Depois disso, confio em mim mesma para cuidar do que faz mais sentido. Pasmem: é, na verdade, lavar um lote de roupas, mas posso decidir qual lote faz mais sentido de acordo com o meu dia e de como estou me sentido.

DICAS PARA LAVAR ROUPAS

Suas necessidades são diferentes, pois se baseiam no que você lava e quanto tempo tem, mas considere essas dicas para encontrar a sua ordem correta para lavar roupas:

- *Comece com os lençóis. Eles já são uma boa quantidade, e por isso você não precisa esperar juntar para começar a lavar. Provavelmente você tem todos os seus lençóis em um lugar só e não precisa sair buscando pela casa algum lençol perdido.*

> - *Escolha o próximo lote de roupas para lavar pensando no que vai fazer quando ele estiver secando. Se o apito da secadora tocar na hora em que estiver de saída para pegar as crianças, não lave as roupas que precisam ser penduradas, pois acabarão amassando até você voltar.*
>
> - *Lave a sua roupa durante a noite. Recolha e selecione as roupas à noite, lave um lote que pode amassar e o deixe secar enquanto você está dormindo. Antes de você deitar, carregue a máquina de lavar com o próximo lote e então a ligue quando você acordar. Você já está com meio caminho andado antes mesmo de tomar o seu café.*

ESTUDO DE CASO #5: PLANEJANDO O SEU DIA

Produtividade nem sempre precisa ser o objetivo do seu dia.

Não tem problema passar um dia descansando, segurando um bebê ou nunca dando uma olhada na lista de tarefas. Se você considera produtividade como padrão para planejar seu dia, pode estar perdendo o que realmente o faz valer a pena.

Lembre-se do que importa, e quem decide é você.

Alguns dias precisam ser produtivos. Se você tem um prazo, eu entendo a pressão para cumpri-lo. Produtividade em si não é ruim. Mas nem *sempre* é o que importa.

Enquanto você planeja o seu dia na noite anterior ou sonolenta pela manhã, primeiro se lembre do que importa naquele dia: conexão, limpeza da casa para que você se sinta mais você mesma, uma corrida para aliviar o estresse do seu corpo, ou o reabastecimento do freezer porque está vivendo em um ritmo meio maluco e precisa um pouco da Pergunta Mágica para organizar as suas refeições.

O que importa pode ser conveniente, emocionante ou tangível. Ou pode ser uma tentativa frustrada de algo que se pareça com tranquilidade.

Independentemente do que seja, *identifique-o*.

Em seguida, o que você pode fazer para acalmar a tensão por hoje? Preencha o espaço em branco sobre isso. Você se sentirá maluca por motivos diferentes a cada dia, mas ao começar com o que importa, pode responder essa pergunta de forma mais ponderada e fazer uma única coisa que te ajudará a se sentir você mesma conforme o dia passa.

Finalmente, confie em si mesma. Confie que você sabe o que abraçar na sua lista e quais necessidades podem esperar até o dia seguinte. Confie que o seu pessoal valoriza você por motivos que vão além do que você faz. Confie que você pode buscar as compras na volta do futebol e comer o que for mais fácil de preparar, já que o que importa é estarmos juntos, não um jantar digno de Instagram.

QUANDO A ORDEM ESTÁ NO COMANDO

Talvez você se sinta inspirada em seguir esta ordem: lembrar do que importa, acalmar a tensão e confiar em si mesma. Para mim, isso parece sincero e caloroso.

Mesmo assim. . .

Eu desejo que o meu marido encha a lava-louças antes de começar a lavar os pratos.

Eu desejo que o meu filho perceba que lavar suas mãos *antes* de usar o banheiro é, na verdade, perda de tempo.

Eu desejo não ficar tão irritada quando a minha lista de compras não segue a mesma ordem dos corredores do mercado.

Eu desejo não depender tanto de uma sequência para me levar a um dia produtivo e favorável.

A vida é pessoal e cheia de nuances. Não posso presumir que a minha conduta de hoje funcione amanhã. Eu não sei se uma criança ficará em casa doente, se terei uma dor de cabeça que vai me derrubar, ou se uma obra inesperada na rua vai me aborrecer.

Nem eu e nem você podemos depender da ordem como se fossem leis. Depender de métodos e da própria ordem nos torna vazias e autômatas, mesmo que tecnicamente tenhamos feito muitas coisas.

Eu sei que você quer a melhor maneira para fazer as coisas. Estou achando que, embora essa ideia de ordem seja atraente, você também pode achá-la irritante.

> **Depender de métodos e da própria ordem nos torna vazias e autômatas, mesmo que tecnicamente tenhamos feito muitas coisas.**

Apenas me diga o que fazer, Kendra, e eu farei!

Você não precisa de mim para lhe dizer o que você tem que fazer, mas vou te dar autorização para você confiar em si mesma.

Você sabe o que fazer melhor do que eu, porque essa é a *sua* vida.

RECAPITULANDO

- Você sabe do que precisa mais do qualquer outra pessoa.
- Qualquer tarefa pode seguir uma ordem correta: lembrar do que importa, acalmar a tensão e confiar em si mesma.
- Mesmo que a ordem seja algo bonito, não é a única coisa.

— UM PEQUENO PASSO —

Se você tem uma lista de tarefas para hoje, escolha uma atividade e siga esses três passos. Preste atenção em como a sua atitude e até mesmo a sua eficiência são afetadas ao seguir a ordem correta.

Nos dias em que a produtividade não é o objetivo principal, o que é?

Descansar.

Vamos falar sobre como programá-la.

PROGRAME O DESCANSO

Princípio do Gênio Preguiçoso#12

Quase todo mês, eu tenho o que chamo de esgotamento físico. É como se eu estivesse com gripe — articulações doloridas, calafrios, uma dor de cabeça, e normalmente também sinto um mal-estar no estômago — mas, na verdade, não estou gripada.

O que eu tenho é um corpo cansado que não pode mais continuar.

Antes de ter filhos, eu descansava mais, mesmo sem querer. Simplesmente, eu tinha mais tempo. Podia dormir nos fins de semana, podia entrar no ritmo natural do meu corpo, e não tinha um trabalho que exigisse tantas horas. Era mais fácil descansar, mesmo que eu não soubesse a importância disso.

Então, eu tive filhos e todo o tempo foi para o espaço.

Essa não é uma história nova. Se você tem filhos, já vivenciou isso. Ou talvez tenha um pai que precisa de cuidados em tempo integral, um trabalho que exija muitas horas, um negócio que você começou e que adora, mas que necessita dos mesmos cuidados que um ser humano.

A maioria de nós tem algum tipo de impedimento para descansar.

A ironia é que as pessoas com impedimentos geralmente precisam descansar ainda mais.

PORQUE PRECISAMOS DESCANSAR

Isso é óbvio, certo? Mesmo assim, é um princípio facilmente ignorado.

Se você quer abraçar o que importa, precisa de atenção plena para fazê-lo. Se quer realizar as coisas, precisa de energia para fazê--las. E tudo isso é alimentado pelo descanso.

> **Se você quer abraçar o que importa, precisa de atenção plena para fazê-lo. Se quer realizar as coisas, precisa de energia para fazê-las. E tudo isso é alimentado pelo descanso.**

Você já deve saber que dormir cura ferimentos, reduz inflamações, dá um tempo para o seu coração e regula os hormônios. Precisamos dormir para funcionar bem. Acredito que você não vai discutir isso. Mas, aqui é que mora o perigo: você acha que dormir e descansar não valem a pena.

Você vai me dizer que tem muita coisa para fazer, muitas pessoas para cuidar, muitos programas para assistir, mesmo que seus olhos estejam pesados. Você também pode pensar que, como sobreviveu esse tempo todo com o seu ritmo atual de descanso, pode continuar assim. Claro, você está cansada e irritada, mas isso pode ser administrado, certo?

Também pensava assim, até que o meu corpo voltou-se contra mim.

A VISÃO IDEAL DE DESCANSO

Por um tempo, os meus esgotamentos físicos se tornaram mais frequentes, uma vez a cada duas semanas. Em seguida, eu tive alguns ataques de pânico em que não podia respirar e tive que chamar alguém para me ajudar.

Eu só lidaria com a situação quando ela acontecesse. Se tivesse um esgotamento físico, eu ligaria para Kaz pedindo que ele chegasse mais cedo para ficar com as crianças, passaria óleo essencial de toranja na minha barriga, e tomaria três comprimidos de ibuprofeno e apagaria por doze horas. Para os ataques de pânico, eu respirava entre eles e conseguia me recuperar, e, de vez em quando, eu marcava uma consulta com o meu psicólogo se achasse apropriado.

Em vez de prestar atenção na raiz do problema, eu lidava apenas com os sintomas imediatos. E quando pensava em uma solução a longo prazo, sempre era grande demais:

Nossa, preciso de férias.

Preciso cair fora.

Preciso de muito tempo para relaxar e de nenhuma responsabilidade.

Sendo assim, eu prometo comprar um livro sobre rituais matinais e pesquisar no Google "dicas para conseguir dormir mais." Eu achava que a solução para o esgotamento físico do meu corpo era ser um gênio no que se refere ao descanso, reunindo todas as dicas e ferramentas que podia, enquanto esperava minhas férias chegarem.

E você? Quando pensa em descanso, o que vê?

Talvez você veja um quarto vazio que não lhe pertença, uma cama com lençóis macios e brancos, cortinas balançado com a brisa. Talvez veja o oceano ou as montanhas. Quem sabe, um fim de semana sozinha em uma cabana na floresta ou uma viagem com amigas só fazendo compras, comendo e dormindo até tarde. Tantas possibilidades interessantes, e nenhuma inclui chefes arrogantes ou crianças pequenas.

É bem comum imaginar o descanso em uma grande escala. Se pudesse escapar por um tempo, tudo ficaria melhor. Você só precisa de uma pausa.

A ironia é que, quando consegue a oportunidade — quando os avós levam as crianças para dormir fora ou você é convidada para um fim de semana com as amigas —, você fica estressada tentando descansar.

Faça valer a pena! Esta é a única chance que você terá nos próximos sete anos!

Então, você volta para casa e a vida é basicamente a mesma, embora você tenha acabado de dar um tempo de tudo.

Por quê?

Você não sabe como descansar.

Em meio à rotina do dia a dia, você ficou preguiçosa no que diz respeito ao descanso. Você vive e sobrevive e faz o seu melhor, esperando desesperadamente por uma pausa que parece que nunca vai chegar. E essa mentalidade de tudo ou nada sempre a deixa frustrada. Se você quer um dia inteiro para você, reservar só uma hora é uma decepção. Se sonha com férias de uma semana em uma ilha tropical, passar uma noite em um hotel na sua cidade é frustrante. Nenhum tipo de descanso parece suficiente, e esse descontentamento pode até tornar a *vida* insatisfatória, o que significa que devemos estar fazendo algo errado e que *nós* não somos suficientes o bastante.

É tão divertido ser uma pessoa, não é mesmo?

A VERDADE SOBRE O AUTOCUIDADO

Para ser um Gênio Preguiçoso no que diz respeito ao descanso, você precisa identificar o que importa para você. Faça isso e deixe as outras preocupações perderem força. Eu acho que essa é uma perspectiva simples que ajuda na discussão sobre autocuidado.

O autocuidado está na moda bem como blusas ombro de fora e a dieta Paleo.* A última tendência é reservar um tempo para si mesma e atender às suas próprias necessidades a fim de ser uma pessoa melhor e mais saudável. Os exemplos incluem usar máscara facial semanalmente, fazer as unhas, ou sair para correr. Eles sempre focam no corpo físico e até puxam um pouco para o lado de uma vida cheia de mimos. E embora eu tenha tudo a ver com uma vida dessas, ela nem sempre é prática no dia a dia e nem aborda o motivo mais profundo de você estar cansada.

O autocuidado deve ser uma prática habitual de fazer o que te faz sentir você mesma. É uma prática para lembrar quem você é.

---

* Estou escrevendo isto em 2019. Insira as tendências apropriadas que você acha que se encaixam.

IDENTIFIQUE O QUE TE FAZ SENTIR VOCÊ MESMA

Na introdução, eu disse que você estava cansada não por causa da sua agenda, mas porque estava se esforçando demais para ser um humano perfeitamente otimizado. Claro, agendas lotadas também contribuem. Por outro lado, durante anos estive ocupada apenas com fraldas sujas e bebês chorando, no entanto, eu me sentia esgotada como se estivesse negociando ações ou chefiando um pronto-socorro.

Suas atividades não são necessariamente a origem do seu estresse; tentar se encaixar em um molde de quem você acha que *deveria* ser, quase sempre é. Você passa o dia todo fazendo, administrando e analisando demais e, em pouco tempo, em meio à loucura, esquece quem é você.

Você precisa praticar para se lembrar de quem é você e relaxar em sua identidade. Há mais de uma maneira de fazer isso, não se sinta pressionada para encontrar a coisa única e perfeita que define quem você é.

Sua lista será longa, e isso é bom.

Quando você se sente mais viva?

O que te faz confiante e certa de quem você é?

O que você pode fazer por horas sem esforço e sentindo todo o tipo de alegria?

Se puder identificar as várias práticas que lhe ajudem a se sentir como você mesma, que permitam você lembrar e relaxar na verdade de quem você é, experimentará um nível de descanso que, literalmente, pode mudar a sua vida.

Aqui vai a minha lista pessoal do que me faz sentir eu mesma: fazer bolos e pães etc., ouvir música, andar ou correr ao ar livre, estar com amigos, dar risada, alimentar as pessoas e perceber o que está à minha volta.

E o que não faz? Trabalhar no quintal, fazer artesanato, fazer compras, limpar, e tudo que tenha a ver com as minhas unhas.

Uma vez que tiver a sua própria lista e souber o que faz e o que não faz você se sentir você mesma, você estará melhor preparada para desenvolver ritmos de descansos sazonais, semanais, diários e de descanso da alma.

Nossas vidas não têm um padrão geral, então, nossas abordagens para o descanso também não deveriam ter.

Vamos explorar mais isso.

DESCANSO SAZONAL

Começar com um dia livre por semana ou uma prática diária de descanso pode ser muito de início, então vamos começar com um descanso sazonal. Eu adoro me basear nos ritmos das estações, e eles podem nos ensinar muito sobre os ciclos da vida e sobre como dar um tempo.

Então, agora mesmo, pegue a sua agenda e programe um dia sazonal de descanso. Se for corajosa, vá em frente e agende o suficiente para o ano todo.

Reserve um dia a cada três meses para ser você mesma. Lembre-se de quem é você, divirta-se fazendo o que gosta e perceba o quanto é amada. Programe o dia, assim irá cumpri-lo. Não seja preguiçosa a respeito disso.

O seu dia de descanso sazonal pode ser quando você achar que precisa. Essa é a graça de ser um Gênio Preguiçoso com o autocuidado e o descanso. Faça apenas o que importa para *você*.

Você pode passar um tempo pensando, correndo, lendo ou fazendo qualquer outra coisa que queira.

Aproveite o tempo e faça o que te faz sentir você mesma.

Gênios Preguiçosos começam pequeno, e criar um ritmo de quatro dias de descanso por ano não é exigir muita coisa.

> ## QUANDO VOCÊ LUTA PARA RESERVAR UM TEMPO PARA SI MESMA
>
> *Se você não pode reservar ao menos quatro dias por ano para reivindicar um tempo para si mesma, há algo mais sério acontecendo.*
>
> *Você acha que não vale a pena?*
>
> *Você supõe que há muita coisa dependendo de você?*
>
> *Você valoriza as necessidades das outras pessoas mais do que as suas?*
>
> *Intelectualmente, você sabe que reservar quatro dias não é pedir muito, mas pode estar sobrecarregada para buscar isso ativamente.*
>
> *Esta é a sua permissão. Você tem o direito de exigir tempo para si mesma. Você tem permissão de priorizar o seu próprio corpo e alma por quatro dias ao ano.*

DESCANSO SEMANAL

O próximo passo é o descanso semanal.

Tem que ser um dia inteiro por semana? Não. Isso seria incrível, mas é melhor fazer o que provavelmente irá funcionar do que o que é ideal.

Observe a sua lista do que te faz sentir você mesma, e considere uma ou duas coisas que podem se encaixar em um ritmo semanal.

Pode ser útil pensar sobre como o ritmo semanal funcionaria melhor para você. É o dia em si? Talvez você possa fazer uma pausa no meio da semana, nas quartas-feiras, ou um dia intencional de descanso aos domingos. É a atividade independentemente do dia em que ela cai? Talvez você adorasse fazer Zumba uma vez por semana e existe opções de escolher aulas em diferentes dias dependendo da sua agenda. Identificar essa diferença pode ajudar.

O meu descanso semanal é mais arraigado nas minhas escolhas do que em um dia determinado. Eu caminho ou corro para aliviar o estresse três vezes por semana, mas essas três vezes não precisam ser em dias específicos e nem igualmente espaçados. Semana passada eu corri na quinta, sexta e no sábado, o que não é um espaçamento muito lógico. Ainda assim, vale a pena e ajuda. Eu me sinto mais eu mesma quando posso direcionar o meu estresse para algum lugar, e é um bônus quando consigo correr na floresta.

O seu descanso semanal pode ser tão simples como ir tomar um café todos os sábados de manhã em uma loja local e depois ir ao mercado de produtores. Você também pode sair para dar uma longa caminhada pela manhã quando os seus filhos estão na pré-escola, ou pode arrancar ervas daninhas depois do jantar uma ou duas noites por semana.

Pequenos passos importam, e encaixá-los na sua semana não precisa ser complicado. Comece com uma atividade e a faça semanalmente.

DESCANSO DIÁRIO

Uma das minhas coisas favoritas no mundo todo é fazer pães, bolos e afins. Que tal uma tarde para fazer pão ou uma torta e alimentar o meu pessoal? Sim, por favor. É isso que faz o meu corpo relaxar e deixa minha alma em paz mais do que a maioria das coisas.

Será que posso fazer isso todos os dias? Definitivamente, não. Assar bolos e pães demora, e ainda que eu reserve um tempo para o que importa, não posso, da perspectiva prática, dar atenção diária a essa atividade.

Acho que é aí onde ficamos estagnadas em nosso descanso diário. A sua coisa diária não precisa ser a sua coisa favorita. Se você acredita que sua maneira favorita e definitiva de descanso é o seu objetivo, especialmente quando é difícil achar tempo entre as tarefas básicas, você ficará decepcionada e vai pensar que o descanso diário não serve para você.

Mas *tem de servir*.

Comece pequeno.

Talvez, em vez de assar uma torta todos os dias, eu possa folhear um livro de receitas e sonhar sobre o que farei a seguir. Se você adora correr na praia, mas mora muito distante da costa, vá fazer a sua corrida enquanto ouve sons do oceano. (Não desista antes de tentar.)

> **A sua coisa diária não precisa ser a sua coisa favorita.**

Práticas de descanso diárias, intencionais e pequenas são mais poderosas do que aqueles fins de semana ilusórios sem crianças ou responsabilidades, porque você está aprendendo *como* descansar.

Encontre maneiras pequenas e simples de se envolver em atividades que te façam sentir você mesma, ainda que não seja a sua atividade ideal. Tem sempre algo que você pode fazer todos os dias, então, programe e faça-o quantas vezes puder.

DESCANSO DIÁRIO ATRAVÉS DO SONO

Não vou dizer para você ir dormir mais cedo ou carregar o seu celular em um outro quarto. Se isso funcionar para você, maravilha, mas não é o objetivo aqui.

Vamos usar outro princípio do Gênio Preguiçoso e seguir a ordem correta. Sempre comece com o que realmente importa. Talvez você precise restabelecer a importância de dormir. Em vez de ver isso como algo que faz automaticamente ou uma perda de tempo, pense que dormir é uma maneira de se reabastecer.

Você importa, e o seu sono importa também.

Existem escolhas? Claro.

Sou uma grande fã de esportes, e um dos meus campeonatos favoritos da NBA não começa antes das dez e meia da noite. Hum, isso é *tarde*. Vale a pena o sacrifício para me sentir eu mesma? Às vezes sim; normalmente não. Ao identificar o que realmente importa (o descanso vence o basquete), posso escolher o que faz sentido para mim.

E lembre-se de que a escolha que você fez hoje não tem que ser a escolha que fará amanhã.

Uma lente auxiliar para ver o valor do sono é lembrar que posso terminar o dia de hoje sabendo que provavelmente terei outro amanhã e posso fazer dele o que eu quiser.

HÁ SEMPRE UM PAR DE PEGADAS

Meus esforços pessoais para ganhar controle estão conectados com a minha vida espiritual com Cristo, e caso isso seja verdadeiro para você também, gostaria de compartilhar as minhas emoções sobre o poema "Pegadas na Areia". Você o conhece, certo? Acho que ele atingiu o auge de exposição por volta de 1995.

A autora do poema descreve um sonho no qual a vida dela é como uma caminhada com Deus em uma praia. Quando ela estava feliz e calma, havia dois pares de pegadas, uma ao lado da outra. Mas, durante os momentos mais tristes e difíceis da vida dela, apenas um par de pegadas era visível. Quando ela perguntou a Deus por que ele a deixou quando a vida era mais difícil, ele respondeu que nunca a deixou; ele a estava carregando. As pegadas eram as dele.

As últimas linhas têm um quê de M. Night Shyamalan para cristãos.

Eu confesso que, como uma jovem adolescente espiritualmente motivada, esse poema me impressionou. Que final! Ele me carrega nos momentos mais difíceis? Que Deus gentil e amoroso que eu sirvo!

Talvez seja simplista, porém faz diferença. Eu sinto menos pressão em preparar tudo esta noite, porque o amanhã está chegando. Dormir não é algo do qual finalmente sucumbo porque o meu corpo está me dizendo: *Kendra, se acalme e feche os seus olhos!* O processo é lento e proposital e, na verdade, compensa mais quando o vejo como uma escolha voluntária.

Hoje acabou. Amanhã chegará. É hora de dormir.

Mas não seria ótimo se a nossa caminhada fosse na maioria das vezes dois pares de pegadas? Isso parece certo? Obviamente, ele gostaria mais de mim se eu não precisasse tanto dele.

Durante a maior parte da minha vida, esse era o meu objetivo. Precisar de Deus era aceitável para as coisas realmente difíceis, mas fazia tudo o que eu podia para que acontecesse do meu jeito.

E eu era surpreendentemente boa nisso.*

Porém, eu perdi a parte na escola dominical sobre como tentar não me tornar mais santa. Isso não deixa Jesus mais orgulhoso. E não me torna uma cristã melhor.

Apenas me deixa cansada.

Você depende de si mesma até não aguentar mais e clama por Jesus ou por férias na praia. A exaustão, tanto no seu corpo quanto na alma, chega e te deixa acabada.

A verdade é que nunca deixaremos de precisar dele. E ele nunca se cansará dessa necessidade.

Há sempre um par de pegadas.

---

* Eu fui eleita a mais confiável da minha turma no colégio. A mais *confiável*. Não dá para ser mais perfeita e sem graça.

DESCANSO DA ALMA

Emily P. Freeman chama de descanso da alma "sentar-se dentro de si."[6] Adoro isso porque sei exatamente como é estar de pé, ir de um lado para outro ou se esconder em algum canto dentro de você.

A sua vida interior influencia grandemente no seu bem-estar físico, e quando você não dá uma chance para a sua alma descansar, o seu corpo sentirá isso nitidamente. Você tem que parar de carregar fardos que nunca quis. Enquanto estiver sobrecarregada por dentro, o descanso físico não irá tão longe.

Para mim, minha alma encontra descanso ao acreditar na minha verdadeira identidade. Quando acredito que fui feita com um propósito, que minha personalidade é um presente, que sou suficiente do jeito que sou e não por causa do que faço, estou disposta a "sentar-me dentro de mim". Posso achar conexão em vez de proteção.

Eu posso ser eu mesma e deixar para trás o que não importa, o que é quase sempre a minha tentativa de fazer tudo sozinha. Quando tento lidar com tudo, não consigo receber ajuda nem deixar as pessoas entrarem. Eu não tenho atenção plena o suficiente para me concentrar no que a estação da minha vida está tentando me ensinar. Esqueço de começar pequeno. Eu sigo a ordem absolutamente errada ao colocar a minha produtividade no comando.

O descanso da alma e "sentar-se dentro de si" são atos de entrega. Você não precisa lidar com tudo sozinha. Pode contar com as pessoas e com um poder maior que o seu.

Se você está ignorando o seu próprio descanso para o bem de algo que não importa, é hora de deixar isso para trás.

Um dos mandamentos de Deus para o seu povo, junto com o não matarás e não desejarás a mulher do próximo, é lembrar o dia do descanso e mantê-lo sagrado.

O descanso faz parte de como fomos feitos.

Conserve-o.

Programe-o.

Honre-o.

Não se sobrecarregue nem se desgaste, apenas para terminar exausta ao anoitecer. Faça descansos diários, sazonais, semanais e na sua alma, e experimente a plenitude de ser quem você é.

RECAPITULANDO

- O autocuidado é menos sobre mimos e mais sobre fazer as coisas que fazem você se sentir como você mesma.
- O descanso não acontece por ele mesmo; você tem que programá-lo.
- Identifique o que te faz sentir completa e encontre maneiras para vivenciar o que você nomeou como sazonalmente, semanalmente e diariamente.
- Pare de carregar aquilo que você nunca quis e, em vez disso, "sente-se dentro de você".

— UM PEQUENO PASSO —

Programe um dia para você mesma nos próximos três meses. Apenas um dia.

Você nem sempre precisa fazer tudo, mas provavelmente ainda tenta. E possivelmente você falha ao tentar, assim como eu. Se você tem mais prática em dizer para si mesma o que fez de errado do que em ser generosa consigo, este último princípio é o melhor caminho para terminarmos.

SEJA GENTIL COM VOCÊ MESMA

Princípio do Gênio Preguiçoso #13

Uma noite dessas, eu estava *daquele jeito.* Eu estava no auge da raiva e meus hormônios estavam a mil, e minha filha teimosa de três anos era a mestre de cerimônia da minha tortura pessoal. Após uma hora inteira de uma negociação de crise envolvendo uma gritaria lastimável (leia-se: colocá-la na cama), me afundei na minha poltrona da IKEA coberta por canetinhas e pudim, e disse para o meu marido, entre lágrimas: "Eu me sinto uma péssima mãe." E ele não respondeu.

Talvez ele não tenha me ouvido? [buá, buá].

E então eu fiquei muito irritada. Como ele se atrevia a perceber minha manipulação emocional e não me dizer exatamente o que eu queria ouvir? Como ousava deixar uma afirmação tão vulnerável solta no ar sem fazer nada para me fazer sentir melhor? E eu disse tudo isso a ele.

Furiosa.

Minutos mais tarde, depois que parei de gritar e lembrei que era adulta e que poderia me desculpar usando palavras, perguntei por que ele não me respondeu.

"Porque eu sabia que se dissesse que você é uma boa mãe, você se voltaria contra mim."

Ah. Legal.

E ele estava totalmente certo.

Se Kaz tivesse dito, "Amor, você é uma ótima mãe", eu provavelmente teria reagido revirando os olhos ou com um gesto de desdém, qualquer coisa para desprezar o que eu realmente queria, mas não sabia como aceitar.

Eu exigia muito de mim como mãe e indiretamente exigia que o meu marido conseguisse ler a minha mente e depois me colocar na posição de não conseguir aceitar qualquer tipo de gentileza.

Por quê? Porque naquele momento, eu realmente me senti uma péssima mãe. E isso foi verdade.

Eu queria que Kaz ajudasse a mudar essa verdade? Claro que sim, mas ele estava certo de que aquilo não teria importância. Eu imediatamente rejeito tantas afirmações de quem eu sou porque não estou preparada para acreditar nelas.

> **Sem afeto por nós mesmas, sem ternura, sem sermos gentis conosco, sempre estaremos cansadas**

Sem afeto por nós mesmas, sem ternura, sem sermos gentis conosco, sempre estaremos cansadas. Vamos sempre carregar o que nunca tivemos a intenção de carregar, e cavar buracos que levam a lugar nenhum. Nossa energia acompanha nosso movimento até a linha de chegada, não deixando espaço para satisfação e aceitação sobre quem somos e onde estamos agora.

Ah, e um bônus: quando não nos amamos, é muito difícil aceitar o amor dos outros.

A REGRA DE OURO DO GÊNIO PREGUIÇOSO

Identificar o que você quer abraçar e o que quer se livrar quando se trata de tarefas e compromissos parece muito mais fácil do que identificar o que importa sobre *você mesma*. A regra de ouro é tratar as pessoas do jeito que você gostaria de ser tratada, mas eu acho que você não se trata tão bem. É uma regra difícil de seguir quando a metade fundamental não é sempre verdade.

Vamos falar de como você trata a si mesma. Como você descreveria o seu relacionamento consigo mesma? Vocês são inimigas? Rivais? Você é a sua própria *personal trainer*?

Imagino que você exija demais de si mesma, que esteja a procura do seu eu ideal otimizado. Contanto que você *não seja* tão ideal, ou tentará ser um gênio sobre o seu eu futuro, forçando, controlando e definindo objetivos que você não alcança, ou será preguiçosa, vendo todo o crescimento como algo inútil e, no final, desistindo de tudo.

Lembre-se, muitas vezes pensamos que é se esforçar muito ou desistir.

Vamos fazer de um jeito diferente.

Você já deve ter ouvido algum podcast de papo entre mulheres dizer que você deveria tratar a si mesma como trata uma amiga, mas esse não é o cenário geral. A regra de ouro do Gênio Preguiçoso diz que *você é a sua própria amiga.*

Você não é um projeto.

Você não é algo a ser consertado, esculpido e cobrado diariamente.

Você é uma pessoa de valor do jeito que é *agora,* e essa pessoa merece sua gentileza porque ela é sua amiga.

RELAXE QUANTO AO POTENCIAL

Você olharia para uma amiga querida com base na perspectiva do seu potencial — no que ela *poderia* ser — e a julgaria pelo que ela não é? Claro que não. Isso seria cruel.

Porém, faz isso com você mesma. Normalmente, se olha através da perspectiva do seu potencial e avalia o que poderia ou o que deveria ser, em vez de se olhar com gentileza e amor.

Estou te avisando, o potencial vai derrotar você.

Você mantém a versão futura e ideal de você mesma como uma motivação, e isso a deixa infeliz com quem você é agora. Você não parece certa, não age certo, não se veste direito, nem cozinha as comidas certas. Você não educa corretamente, não tem encontros legais, não lê a bíblia direito e nem sabe como fazer ótimos cupcakes do zero. Então, continua tentando se tornar aquela pessoa distante que sabe fazer tudo do jeito certo e, em silêncio, se repreende por ser quem você é agora e por não chegar lá com a rapidez necessária.

Por isso que hábitos e metas podem parecer tão pesados. Hábitos diários normalmente servem para nos ajudar a melhorar quem somos atualmente ou alcançar algum tipo de potencial que estamos buscando. Ouça-me. Não estou dizendo que você não deveria se esforçar para crescer, mas se procura por algum ideal arbitrário sem ser gentil com quem você é agora — para a pessoa que é suficiente, que não é uma sombra de quem você está tentando ser — esse ideal se tornará um objeto de adoração que continuará te decepcionando.

Acredito do fundo do meu coração que viver sobre esses princípios do Gênio Preguiçoso, mesmo os mais práticos, irá exercitar em você a capacidade de se ver com olhos mais gentis conforme descansa, reflete e caminha na direção de uma versão mais verdadeira e profunda de quem você já é e do que importa para você.

Vamos todas parar aqui por um momento e aprender a valorizar quem somos agora, refletir sobre quem estamos nos tornando e comemorar durante a jornada. Veja como.

PASSO #1: VALORIZE QUEM VOCÊ É AGORA

Um jeito humilde de valorizar quem você é agora é através de um ato de gentileza diário. Faça algo para você mesma que seja um presente para quem você é *hoje*.

Mas não se deixe enganar e transforme isso em algo genial. Esse ato de gentileza não é sobre flexões diárias que você nunca se importou, sobre escrever um diário que nunca lhe trouxe satisfação ou limpar a casa diariamente porque você deveria estar no controle disso. Não é um hábito diário de crescimento.

É um ato diário de gentileza.

Pense no que você faz para uma amiga que ama. Você aparece com um café, só porque sim. Você manda uma mensagem aleatoriamente para dizer que a ama. Você se oferece para levar os filhos dela a um passeio, para que ela possa ter uma hora sozinha. O propósito desses atos não é tornar a sua amiga um ser humano melhor ou inspirá-la na direção do seu potencial. Eles demonstram gentileza simplesmente porque ela é amada.

Você pode se amar e também mostrar-se verdadeiramente gentil.

Sei que esse é um território estranho. Não estou dizendo que você deveria se olhar no espelho e falar "Eu te amo" para o reflexo, mas parece ser uma ideia melhor do que se olhar no espelho e dizer "Arrume-se", o que tenho feito direto.

Mostrar-se gentil com você mesma todos os dias não significa se vangloriar. E sim, ajudá-la a se lembrar que você é feita e rodeada pelo Divino, e ele gosta de você do jeito que você é .

Seja gentil com você mesma, como seria com uma amiga. Adote o ato diário de falar com quem você é hoje com compaixão e empolgação. Sente-se em silêncio, respire o ar da manhã, leia um romance sem justificativas, tire um cochilo, aceite a proposta de uma amiga para trazer o jantar. Olhe no espelho e sorria para quem você vê. Não para *o que* vê, mas para *quem você vê*. Você não é um projeto buscando a perfeição; você é uma alma sagrada criada pelo Deus do Universo.

Ame quem você é agora. Você merece.

PASSO #2: REFLITA SOBRE QUEM VOCÊ ESTÁ SE TORNANDO

James Clear diz: "Se você quer melhores resultados, então esqueça a definição de objetivos. Em vez disso, foque no seu método."[7]

É um final divertido! Esquecer a definição de objetivos? Claro, por favor!

E adivinhe? O livro que está agora nas suas mãos está ensinando a você como *desenvolver um método* e como criar uma estrutura e um ritmo em torno do que importa. Se começar com isso em vez do resultado final, estará no caminho para descobrir quem você já é. Você vai adorar onde está e não vai estranhar crescer e se tornar uma pessoa melhor.

Ao criar métodos em torno do que importa, não foque demais no resultado final. Em vez disso, pense sobre como você pode continuar a se sentir confortável na sua própria pele e entrar com confiança e calma em uma sala.

Abrace a mudança. Você não pode ser quem foi aos vinte anos quando você tem quarenta. Por exemplo, eu não posso tentar ser mais magra do que já fui, especialmente quando o mais magra que estive foi nos meus dezenove anos, quando tive um transtorno alimentar e só consumia oitenta calorias por dia por mais de um ano. É ridículo ficar aborrecida comigo mesma às vezes por não ser mais tão magra assim.

Isso foi há três bebês e vinte anos.

Essa sou eu olhando para o passado "ideal", não olhando gentilmente para frente e refletindo sobre quem estou me tornando.

Preste atenção aos seus passos, onde você estava um ano atrás e onde está hoje. Não é uma comparação para colocar em um gráfico ou algum tipo de comprovação vazia.

Por exemplo, eu posso comemorar isso com este terceiro bebê, embora eu estivesse ainda cansada e um tanto irritada com as fraldas e as noites sem dormir, estava mais à vontade na minha própria pele como mãe. Essa pele pode até estar diferente do que eu gostaria, especialmente durante a temporada de maiôs, mas quem se importa?

Claro, eu sou super a favor de elogiar um corpo materno e o trabalho que deu para gerar um ser humano real, mas não se trata disso. Precisamos parar de nos colocar em um espectro de como parecemos e, em vez disso, focar em como nos sentimos. Essa afirmação pode fazer você querer jogar este livro na minha cabeça, mas quando penso o quanto fui obsessiva, quanta energia eu gastei me atacando por não ser parecida com uma atleta de Crossfit, quando não faço nada parecido com Crossfit, preciso novamente praticar ser gentil comigo mesma.

Tenho defeitos estranhos que me fazem me comparar com os outros. Mantive padrões impossíveis para mim e fiquei brava comigo mesma por não alcançá-los. Eu me critiquei duramente por não ser organizada. Sinalizei esses momentos com anotações angustiantes em meus diários e com planos de exercícios insanos.

Ironicamente, dei menos atenção aos momentos marcantes de crescimento pessoal, aos padrões recentes de calma quando falo com os meus filhos, ao crescimento das minhas habilidades como confeiteira e ao aumento da confiança em minha voz do que tinha dez anos atrás.

Refletir com compaixão em quem você está se tornando é do mesmo modo um ato de bondade, e ainda estou aprendendo a praticá-lo.

Marque os momentos de crescimentos e os elogie.

Somos gentis com nossos amigos. Torcemos por eles e defendemos os seus sonhos. Sentamos ao lado deles em momentos difíceis e não oferecemos constantemente maneiras de melhorar suas vidas. Nós os abraçamos e levamos para eles xícaras de café, e olhamos em seus olhos e dizemos "Amo vocês". Posso apostar alguns dólares que você não fala ou age dessa maneira gentil com você mesma. E, definitivamente, não marca os seus próprios momentos da maneira que marca os das outras pessoas.

Seja gentil consigo mesma — com suas palavras, em busca por quem está se tornando e com graça quando for com calma.

MANEIRAS SIMPLES DE SER GENTIL COM VOCÊ MESMA

- *Mantenha um diário e escreva sobre como está indo, faça isso talvez nos seus dias de descanso sazonal.*

- *Faça uma caminhada e sussurre uma prece de agradecimento por quem você é.*

- *Olhe-se no espelho e sorria para si mesma, sem julgamentos.*

- *Permita-se relaxar sem ter que provar nada para ninguém.*

- *Pare de usar roupas que não te caem bem ou que não te fazem sentir você mesma.*

- *Pare de criticar cada escolha e como ela afeta o seu futuro eu ideal.*

PASSO #3: COMEMORE

Minha amiga Francie, que é casada e tem duas filhas no ensino fundamental, entrou para a faculdade de enfermagem adulta, e foi difícil. Eu digo isso de uma posição privilegiada, já que não passei pela experiência de ter que fazer os trabalhos de casa tarde da noite, resolver quem vai pegar as crianças na escola, procurar por babás quando nenhum dos pais poderia chegar na hora certa, e geralmente lutar com as dificuldades, ainda que seja o caminho certo.

Quando Francie se formou na faculdade de enfermagem, ela comemorou, convidando mais ou menos quarenta amigos para um grande piquenique em um parque local, onde comemos churrasco, bolo e parabenizamos a nossa amiga. Pensar na sacralidade daquele dia me emociona.

Fazer parte da comemoração dessa enorme incumbência que minha amiga concluiu? Que presente!

Teria sido fácil para Francie e sua família deixar passar batido esse momento, brindar ao redor de uma mesa de jantar, ou pedir pizza de algum lugar elegante que não do restaurante do qual tinham cupons de desconto. Ao contrário, eles sabiam que o caminho era difícil e adorável e que era absolutamente importante comemorar *com as pessoas que os amam.* Foi tão simples e tão profundo.

Deixar as pessoas entrarem e comemorar com elas, tanto as suas conquistas quanto as delas, é uma maneira excepcionalmente especial e divertida de ser gentil com você mesma. E também não precisa fingir ser extrovertida para fazer isso acontecer. Grande, pequena, quase insignificante. . . o tamanho da comemoração e até mesmo o que está sendo comemorado são irrelevantes.

Apenas comemore.

COMO COMEMORAR ALGO HOJE

Eu adoro dar festas. Tipo, muito.

Eu já dei festa com temática dos *Jogos Vorazes*, festa à fantasia do *Mágico de Oz* e uma festa para degustação de bolo de cenoura. E atualmente estou preparando a festa olímpica de jogos de tabuleiros.

Ninguém sabe disso, mas cada festa que eu dou é simplesmente para comemorar a *vida*. É a minha forma pessoal de celebrar, de ser gentil comigo mesma, de deixar as pessoas entrarem e alimentá-las com bolo até passarem mal.

Talvez você ache que comemorar seja algo insignificante para os Gênios Preguiçosos, mas você, minha amiga, estaria errada. Nós abraçamos o que importa, e reuniões, risadas e crescimento importam.

Comemorar os momentos, com você mesma e com os outros, faz com que você perceba o que importa. Você se dá o direito de definir o que quer. Você cria lembranças que te incentivam em dias difíceis e que oferecem a possibilidade de risadas futuras de recordação.

Você tem que declarar publicamente que o que importa para você é algo valioso e que vale a pena ser comemorado. É um formidável ato de gentileza para si mesma.

Então, agora mesmo, eu quero que você comemore algo.

Sim, *hoje*.

Não estou dizendo que você precisa preparar uma festa enorme em três horas, mas pode ser absolutamente gentil consigo mesma agora, ao comemorar intencionalmente.

Na prática, você precisará decidir três coisas: o que comemorar, como comemorar e com quem comemorar.

O que Comemorar

Pode ser aquele projeto que você tem trabalhado cuidadosamente por semanas, mesmo que ainda não tenha nenhum resultado para mostrar. Pode ser a sua vida mais caseira de mãe que te faz sentir mais feliz do que você estava há alguns meses. Ou, quem sabe, você teve um artigo aceito por um site, mesmo não sendo um artigo tão importante assim.

Comemore qualquer coisa que sinta que é importante — tangível ou intangível, em qualquer ponto do caminho. Escolha algo que importa e celebre-o.

PRESENTEIE-SE

Se você cresceu com algum tipo de restrição financeira na família ou com pais econômicos, a ideia de, na verdade, comprar algo para você mesma pode parecer absurda. Na realidade, essa é a voz que escuto na minha cabeça às vezes: O quê? Eu deveria comprar algo para mim toda vez que não grito com os meus filhos? Você quer que eu me endivide no cartão para comemorar coisas estúpidas?

Não, Kendra, claro que não, me desculpe por tê-la deixado tão brava.

Um presente para você pode ser uma gentileza.

Um presente pode funcionar como um indicador, como um lembrete daquela habilidade que você pensou que nunca iria aprender. Ao colocar aqueles sapatos, usar aqueles brincos ou fazer um tratamento facial chique, você se lembra de como foi bom bater a meta de vendas no trabalho, terminar a proposta de um livro, organizar a enorme campanha de doações de roupas da igreja.

Está tudo bem em se dar um presente, especialmente quando você pode usá-lo para lembrar de quem você é, e o que a faz se sentir mais viva. Você já é adulta e pode decidir o que é saudável e o que é excesso, mas há uma chance de você não ser super generosa na hora de se dar presentes.

De vez em quando, se dê um presente. É uma maneira de ser gentil.

Como Comemorar

Geralmente, os novatos em comemoração só celebram na imaginação e vão em frente. Embora isso tenha seu próprio valor, por hoje, tire a comemoração que está na sua cabeça trazendo-a para o seu mundo.

Comemore com um jantar improvisado com amigos, com uma ligação ou com algum utensílio de cozinha que está de olho, mas nunca achou que valesse a pena comprar para você. Celebre convidando uma amiga para assistir alguns episódios de *Poldark* enquanto tomam um sorvete chique.

Comemore dizendo bem alto para outra pessoa que você está orgulhosa de algo que fez. Você pode se dedicar ao que importa, então mostre gentileza para si mesma ao validar aquele momento e a sua importância na sua vida.

Com Quem Comemorar

E agora, o ingrediente final das comemorações: com quem.

Ao menos que seja eremita, esta é a melhor parte da comemoração. Conseguir superar a vergonha de ser vulnerável e convidar o seu pessoal para celebrar o que você quer celebrar. Vale a pena.

A melhor coisa de comemorar com as pessoas é que você não pode se esconder. Você *tem* que comemorar, e então você experimenta como, na realidade, isso é divertido.

O meu único conselho é comemorar com pessoas de confiança. Se você achar que alguém irá julgá-la silenciosamente por comemorar algo que não seja um aniversário, talvez ela não seja a melhor pessoa para convidar. Você já estará meio insegura quando se trata de comemorar, então cerque-se de pessoas de confiança que celebrariam qualquer coisa com você por que elas te amam.

COMEMORAR NÃO É UM FARDO

Estou escrevendo esta seção em particular do livro no dia em que estou entregando o meu texto definitivo. Tem sido um processo muitas vezes difícil, e tenho trabalhado arduamente nisso mais do que já trabalhei em qualquer outra coisa.

Estou sendo incentivada por tantas pessoas maravilhosas com GIFs, textos, flores, cafés e visitas. Michael e Hannah são dois desses amigos. Eles pediram para comemorar comigo e minha família todas as etapas deste livro, mesmo aquelas em que não tive maiores dificuldades. Nós compartilhamos refeições, bolos e nos parabenizamos. Eles me ensinaram a beleza de marcar todos esses momentos com uma comemoração.

Então, hoje à noite vamos sair para comer comida grega e, quem sabe, depois tomar um sorvete. É uma simples, mas poderosa comemoração disso que concluí, dessa linha de chegada que cruzei.

Honestamente, costumo me sentir um fardo para eles. Será que eles realmente se importam o bastante para dar esse tipo de atenção a algo que eu deixaria passar em branco? Aparentemente sim, e isso me fez mudar.

Ontem mesmo, Hannah disse, "Nós nunca nos cansaremos de comemorar com você."

Esse é o tipo de amigo e celebrador que quero ser.

Claro, é muito fácil comemorar só na sua cabeça por três segundos, mas talvez você se beneficiasse de mais práticas de comemoração, como eu, a fim de ver o quanto você ama e até mesmo precisa de comemoração na sua vida.

Marcar momentos significantes faz bem à minha alma. Comemorar o meu trabalho e o que importa para mim é uma maneira de mostrar gentileza por mim mesma, uma prática que ainda estou aprendendo. Além de que, é *divertido*. Quero dizer, sou totalmente a favor da terapia e vou defendê-la até não poder mais, porém, apesar de suas qualidades de mudança de vida, definitivamente não é tão divertida quanto uma festa.

Não desperdice a oportunidade desse modo simples e divertido de ser gentil consigo mesma, e não perca a oportunidade de oferecer esse tipo de diversão para o seu pessoal.

Comemorar nunca é um fardo, porque *você não é um fardo*. Seja gentil, gentil e gentil.

RECAPITULANDO

- Você é a sua própria amiga. Merece gentileza, especialmente vinda de você mesma.
- Valorize quem você é agora e, com amor, aceite a si mesma sem comparações com o passado ou futuro.

- Reflita sobre como você está se tornando mais você mesma.
- Comemore uma realização que importa para você, hoje.

— UM PEQUENO PASSO —

Mande uma mensagem para uma amiga sobre uma pequena vitória. Você pode dizer algo como: "Certo, isso pode parecer estranho, mas fui a uma loja de departamentos com as minhas três crianças e não gritei ou me estressei uma única vez — e não comprei nada. Estou muito orgulhosa de mim mesma. Só queria compartilhar. Obrigada por ser o tipo de amiga que comemora comigo as pequenas coisas."

Agora que já percorremos todos os treze princípios, é hora de reuni-los e viver como um Gênio Preguiçoso.

COMO VIVER COMO UM GÊNIO PREGUIÇOSO

Anteriormente, eu disse que você não precisa de uma nova lista de coisas para fazer, mas de uma nova maneira de *ver*. Agora que você já tem estes treze princípios no seu canivete suíço virtual, pode ver cada situação que encara através das lentes de abraçar o que importa e descartar o que não importa.

Vamos ver como fazer isso.

SEMPRE COMECE COM O QUE IMPORTA

Você não pode fazer nada até que saiba o que é importante para você, mas como realmente saber isso?

Você tem duas escolhas: reflexão global ou atenção plena.

Reflexão Global

Sente-se com um caderno e faça duas colunas — Preguiçoso e Gênio — e comece a escrever as áreas da sua vida nas colunas apropriadas.

Na coluna do Gênio, liste qualquer coisa que te faça feliz, que você queira cultivar e tenha mais tempo para fazê-la, que te faça sentir você mesma, ou que tenha grande importância para sua família.

Na coluna Preguiçoso, liste qualquer coisa que esgote a sua energia, que você vive protelando, ou algo que você tenha vontade de fugir.

O que te empolga e o que te deixa para baixo?

Anote. Identifique.

A coluna do Gênio mostra o que importa, e assim você pode criar espaço para que isso cresça.

Mas essa não é a única maneira.

Atenção Plena

Se listar tudo que está na sua alma, na sua agenda e na sua casa for demais para você, comece pequeno ficando atenta.

Observe uma hora do dia, uma tarefa, ou um projeto futuro em que você gostaria de ser um Gênio Preguiçoso. Você não tem que identificar o que é importante sobre tudo. . . apenas *aquela* coisa.

Você também pode ficar atenta quando estiver frustrada, retraída ou com raiva. Alguma coisa desencadeou sua reação negativa? Existe algo inicial no processo ao qual você pode aplicar os princípios do Gênio Preguiçoso?

Você pode identificar o que importa, uma situação de cada vez.

QUANDO AS COISAS QUE IMPORTAM DIALOGAM ENTRE SI

Minha lista pessoal do Gênio inclui um espaço organizado, alimentar pessoas, conectar com as pessoas, meu lar estar confortável para qualquer um que chegar, música, risadas, administrar bem o meu estresse, comemorar e apoiar meus amigos, plantas que consigo manter vivas e James McAvoy (mas não posso fazer muita coisa sobre ele).

Eu poderia procurar por maneiras específicas para ser um gênio sobre cada coisa em particular da minha lista, ou poderia perceber quais os itens que já estão dialogando entre si.

Minha lista tem muito sobre minha casa e sobre os sentimentos que acontecem nela. Música, comida, conforto, conexão. . . aparentemente, eu gosto dessa vibe. Mas não é só um sentimento pelo sentimento. Para mim, tudo se resume às pessoas.

Se eu perceber que minha lista é uma conversa mais ampla, posso extrair muito do que importa para mim em relação à minha casa em um único valor: que se pareça um lar para qualquer pessoa que visitá-la.

Eu me esforço bastante para fazer isso acontecer e soluciono rapidamente as coisas que importam menos. A seguir algumas maneiras em que sou um gênio sobre o que importa:

- Eu utilizo o meu tempo explorando receitas que confortem o corpo e a alma, e aprendo a fazê-las bem.
- Eu me empenho em manter os meus espaços organizados.
- Eu me dei ao luxo de um bom sistema de som, para que, em um clique, a casa se encha de música.
- Sou cuidadosa sobre o que levo para a minha casa, assim posso me concentrar em manter um cômodo aconchegante em vez de tentar apinhar mais coisas em cestos e compartimentos.
- Eu gasto dinheiro com plantas e velas porque eles tornam o ambiente mais receptivo.
- Sempre que posso, convido pessoas, abrindo a nossa casa independentemente do estado em que ela esteja e nunca me desculpando por isso.

Eu observo outras coisas na minha lista, como risadas e conexões profundas com amigos e família, e percebo outra integração: eu quero que as pessoas se sintam em casa não apenas na minha *casa*, mas também no nosso relacionamento, com elas mesmas e que se sintam seguras em compartilhar suas vidas comigo. E isso pode acontecer em uma conversa com uma amiga confiável, em uma mensagem no Instagram com um desconhecido, ou aqui mesmo nas páginas deste livro.

Ao prestar atenção no que importa para mim e como esses valores dialogam entre si, consegui identificar uma filosofia de vida que afeta todas as decisões que eu tomo: *Eu quero que as pessoas se sintam seguras e em casa comigo.*

Obviamente, outras pessoas também têm esse desejo, porém, isso é o que eu *mais* desejo.

Agora tenho um filtro para o que adotar, o que descartar e para fazer as coisas da melhor maneira.

Em vez de me esforçar para me tornar uma pessoa que faz tudo, posso ser um gênio sobre as coisas que mais importam e dar a atenção restante a outra coisa qualquer.

Identificar e abraçar o que importa muda tudo.

ESTUDO DE CASO DO GÊNIO PREGUIÇOSO: MUDANDO PARA UMA NOVA CIDADE

Minha amiga Bri é esposa de militar e se muda com o seu marido, Jeremy, e o cachorro a cada três anos. Isso é muita mudança, e mudar é algo estressante para a maioria das pessoas. Como Bri pode ser um Gênio Preguiçoso ao se mudar para outras cidades? Vamos repassar os treze princípios e descobrir.

Decida uma Única Vez

O que Bri pode decidir uma única vez? Ela pode ter o mesmo padrão para cada mudança: a primeira semana é para desempacotar tudo, a segunda é para arrumar e a terceira para explorar. Sempre assim, em todas as cidades. Assim, ela pode se concentrar no que importa de imediato (se acomodar) e deixar espaço para o que vai ter importância mais tarde (fazendo da nova cidade um lar).

Comece Pequeno

Mudar-se para uma nova cidade é uma incumbência enorme, então, é fácil se envolver em grandes tarefas. Em vez de olhar para a montanha de caixas e ficar sem ação diante da magnitude da tarefa, Bri e seu marido podem começar com uma caixa. Um cômodo. Uma hora de cada vez.

Faça a Pergunta Mágica

O que Bri pode fazer antes da mudança para facilitar as coisas mais tarde? Ela pode:

- Etiquetar as caixas realmente muito bem para facilitar na hora de desembalar.
- Pensar nas receitas que eles mais gostam e embalar separadamente os utensílios da cozinha de que vão precisar logo de início.
- Pesquisar qual é o mercado, a cafeteria e a padaria mais próximos antes da loucura de ter que desfazer um monte de caixas, se instalar e ninguém ter cabeça para pensar em mais nada.

Viva a Estação

Se alguém compreende o valor de viver a estação é o pessoal das forças armadas.

Bri tem o direito de se sentir triste por não poder criar raízes em um determinado lugar por décadas, mas também pode abraçar um tipo diferente de torcida nesse momento. O marido dela está fazendo algo pelo qual é apaixonado, ela é decidida e está disposta a qualquer coisa, e essa estação da vida pode ser cheia de aventuras e conexão.

Ao escolher viver na sua estação e não se desesperar pelo que está perdendo, Bri pode abraçar com gratidão a singularidade do que ela já tem.

Desenvolva as Rotinas Certas

É difícil viver em um novo lugar, e quando o desânimo bate, é fácil ficar em casa e esquecer o que a nova cidade tem para te oferecer.

Todavia, Bri sabe que conhecer essa nova cidade e torná-la um lar é importante, então ela pode criar uma rotina que a leve para um lugar de exploração e de abertura, em vez de um de isolamento.

Quem sabe ela comece com uma rotina matinal simples de ir caminhando até a cafeteria mais próxima, em vez de ela mesma fazer o café. Esse ato simples faz com ela saia de casa, que faça parte da nova cidade e a lembre da alegria do que é descobrir o que está por vir.

Talvez ela também se sinta sobrecarregada pela quantidade de caixas que ainda tem para abrir, então ela desenvolve uma rotina simples de guardar uma única coisa toda vez que ela entrar em um cômodo. É uma rotina simples, mas eficaz, que pode facilmente ser construída quando sobrar um tempo.

Defina as Regras da Casa

Bri percebeu que o seu desânimo se agravava quando ela passava muitos dias sem falar com ninguém além de Jeremy. Ela precisa interagir com a raça humana, por favor! No entanto, é difícil reunir forças para encontrá-la em uma nova cidade, especialmente quando parece que ainda há muita coisa por fazer.

Aí entra uma nova regra da casa: Bri não ficará dois dias seguidos sem (com segurança) contar a um estranho que ela é nova na área e adoraria uma recomendação de uma cafeteria ou um restaurante de comida tailandesa.

É improvável que esse estranho se torne um amigo para vida inteira, mas é provável que Bri se sinta conectada a alguém e sinta a alegria que essa simples interação oferece a ela. Agora ela tem uma regra de não ficar dois dias seguidos sem procurar alguém para conversar.

Coloque Tudo no Seu Devido Lugar

A beleza de mudar-se para uma nova cidade e uma nova casa é que você tem a oportunidade de recomeçar dando um lugar para tudo. O problema com a mudança para uma nova cidade e para uma nova casa é que nada tem um lugar ainda, e você tem que encontrar um para literalmente tudo. Mesmo assim, existe uma vantagem em ser capaz de fazer isso intencionalmente.

Bri poderia ficar tentada em apinhar todos os seus pertences em gavetas e armários e cuidar deles mais tarde, mas ela se arrependeria disso rapidinho. Mesmo que pareça uma tarefa longa e um pouco irritante, o Gênio Preguiçoso de Bri se mudar para uma nova casa é reservar um tempo para colocar tudo no seu lugar. Ela se beneficiará antes do esperado.

Deixe as Pessoas Entrarem

Isso é difícil em uma nova cidade. Como deixar as pessoas entrarem quando você não conhece ninguém?

Primeiro, Bri pode deixar os amigos de outras épocas da vida entrarem na sua solidão. Ela não tem que se fechar e lidar com tudo sozinha.

Segundo, ela pode correr o pequeno risco de ser a primeira a convidar alguém novo para o jantar. Quem sabe a vizinha, alguém que conheceu na igreja ou no Crossfit, ou mesmo aquela senhora que está sempre na fila da cafeteria e que pede o mesmo tipo de café da Bri.

Este pode ser o princípio mais difícil ao se mudar para um novo lugar, porém ele é um dos mais cruciais. Para um lugar parecer a nossa casa, você tem que deixar as pessoas entrarem na sua vida.

Bri pode começar pequeno tomando a inciativa.

Organize em Lotes

Desempacotar é uma aula magistral de organizar em lotes. Desembale uma caixa inteira e organize em lotes no local onde as coisas devem ficar, em vez de tirar uma coisa e guardá-la, e fazer isso repetidas vezes.

Essencializar

É provável que Bri tenha experimentado o essencialismo antes de deixar sua última casa, se empenhando em empacotar apenas o que realmente importa. A mudança é um ótimo catalisador para indicar o que importa e manter apenas o que é essencial para apoiá-la.

Siga a Ordem Correta

Lembre-se de que a ordem correta sempre começa com o que importa, segue adiante acalmando a tensão e termina com a confiança em si mesma.

Para Bri e seu marido, relacionarem-se com os vizinhos e se sentirem em casa é algo profundamente importante.

Como eles podem acalmar a tensão que isso exige? A tensão, neste caso, pode vir da dúvida se vão escolher a casa certa no bairro certo. *E se escolhermos errado? E se escolhermos uma casa, mas então desejarmos ter escolhido um bairro diferente?*

Eles acalmam essa loucura morando em Airbnbs em seus bairros favoritos na nova cidade durante as primeiras semanas. Isso pode parecer o contrário de acalmar a tensão, mas se a vizinhança é algo que tem importância, eles podem eliminar futuras tensões identificando o que importa e confiando que este tipo de abordagem funciona na hora de escolher onde vão morar.[*]

Programe o Descanso

Este é um dos mais importantes quando mudamos para um novo lugar.

Bri está cansada fisicamente de viajar e de desfazer as malas, assim como está cansada emocionalmente do estresse de toda essa mudança.

O descanso é fundamental. Ela pode programá-lo uma vez por semana e fazer uma pausa na checagem de sua lista de tarefas, não importa quão grande ela seja. Ela e o marido podem reservar algumas noites por semana e deixar de lado as caixas e dar uma caminhada pelo centro da cidade com o cachorro, sem nenhuma obrigação a não ser a de estarem juntos.

---

[*] A propósito, Bri é uma pessoa real e realmente faz isso. Eu ainda não superei o quão brilhante isso é.

Ao não deixar o descanso passar despercebido, Bri abraça o que importa (ou seja, saúde mental) e consegue fazer mais coisas depois porque está totalmente descansada e revigorada.

Seja Gentil Com Você Mesma

E é aqui que o Gênio Preguiçoso da Bri vai brilhar.

Há muita pressão durante uma mudança. Possivelmente, há uma pressão oculta em o quão rápido ela fará amigos, o quanto a sua casa irá refletir a sua personalidade e o quão facilmente ela e o marido vão lidar com a transição.

E provavelmente nem sempre acontecerá do jeito que ela espera. Bri pode se sentir sozinha, frustrada ou um pouco ressentida porque esse é o seu modo de vida.

Neste momento, é quando ela pode ser gentil com ela mesma. Bri pode valorizar quem ela é e onde está agora mesmo. Ela pode marcar aqueles momentos simples de conversa com uma vizinha ou encontrar o caminho para o mercado sem precisar de GPS. Ela pode comemorar com o marido todo final de semana na nova casa, brindando por viverem esta aventura juntos.

Ser gentil consigo mesma irá ajudá-la a ser mais gentil com todo mundo.

VIVENDO COMO UM GÊNIO PREGUIÇOSO

O que mostrei para vocês não é um método complexo com várias peças móveis. A metade desses princípios influenciam a mentalidade da Bri mais do que suas escolhas tangíveis.

Ainda assim, quando analiso essas possibilidades, eu vejo a mudança para uma nova cidade como uma aventura autêntica. Existem muitos desafios, muitas frustrações e os primeiros passos que poderiam parecer desanimadores, mas ao encarar o processo pelas lentes destes princípios do Gênio Preguiçoso, a mudança da Bri para uma nova cidade é colorida com o que importa para ela, não com o que ela pensa que *deveria* estar fazendo.

Não crie um método grande.

Simplesmente conduza a sua situação através destes princípios e veja o que vem à tona.

UM RÁPIDO ESTUDO DE CASO: APRENDENDO A COZINHAR

Talvez você queira se dedicar a uma nova atividade, como cozinhar, mas só de pensar nisso parece demais. Em vez de desistir antes mesmo de começar, use os princípios do Gênio Preguiçoso logo de início.

Decida Uma Única Vez

Faça as mesmas seis receitas até que você se sinta confiante nelas.

Comece Pequeno

Não se sinta constrangida ao começar com o básico, ou seja, fazer macarrão.

Faça a Pergunta Mágica

Faça a preparação da receita de manhã, assim não ficará apressada à tarde e poderá focar no processo.

Viva a Estação

Deixe seus filhos serem crianças. E também aproveite os hambúrgueres no verão e os ensopados no inverno.

Desenvolva as Rotinas Certas

Todas as manhãs, enquanto estiver fazendo café, lembre-se do que planejou para o jantar.

Defina as Regras da Casa

Sempre use um avental quando estiver cozinhando para dar a si mesma uma sensação de propósito.

Coloque Tudo no Seu Devido Lugar

Crie um acesso fácil para os seus utensílios de cozinha para você não se atrapalhar enquanto tenta aprender uma nova receita.

Deixe as Pessoas Entrarem

Convide alguém, mesmo que você não ache que a comida seja boa o bastante. Não é isso que importa.

Organize em Lotes

Se cortar os legumes é a sua maior frustração, corte tudo no domingo para não precisar pensar nisso no resto da semana.

Essencialize

Não compre dezessete novas panelas. Você vai precisar apenas de uma ou duas que vão te servir muito bem.

Siga a Ordem Correta

O que importa na cozinha é confiança e calma. Acalme a tensão ao deixar de lado alguns dos seus padrões e confie em si mesma.

Programe o Descanso

Não cozinhe todas as noites. É bom dar um tempo.

Seja Gentil Com Você Mesma

Aprender uma nova habilidade é difícil, e você pode comemorar onde você está sem se distrair por onde você ainda não está.

ALGUNS PENSAMENTO FINAIS

Já que chegamos ao final, eu quero dizer duas coisas.

Primeira, nunca se sinta culpada pelo que é importante para você. Se comer fora, aproveitar a sua cidade, relacionar-se com as pessoas e ser a alegria da festa for importante para você, não ouse achar que isso não é valido só porque existem pessoas que preferem reunir amigos em volta da mesa da cozinha e dormir às nove da noite. Tudo importa porque todos *nós* somos importantes, e coisas diferentes importam para cada um de nós. Identifique o que importa para *você*. Se importa, vale a pena.

Segunda, você é o suficiente. Você pode parar de tentar ser o seu futuro eu ideal, carregar uma carga que você nunca quis carregar. Deixe para trás o trabalho, a lista, a luta — todas as coisas que você está fazendo só para merecer o amor das pessoas ao seu redor. Você é o suficiente.

* * *

Agora vamos voltar à praia.

Em vez de pegar a sua pá ou o seu balde, agarre a sua cadeira de praia. Caminhe devagar até a beira do mar, acomode a cadeira na areia fofa, e sente-se.

Fique parada.

Sinta uma onda após outra gentilmente afundar você na areia, ancorando você exatamente onde está. Não influencie as ondas para que cheguem mais rápido ou a areia para se amontoar à sua volta. Descanse em silêncio. Receba a quietude. Sinta a beleza da sua pequenez.

Uma das minhas coisas favoritas de estar na praia é perceber como ela pode ser barulhenta e silenciosa ao mesmo tempo. É estranho, não é mesmo? O vento e as ondas são tão barulhentos que abafam as vozes e as risadas à sua volta, mesmo assim, para mim, os sons da praia estão entre os que mais acalmam. É uma impetuosidade pacífica.

Quando nos aquietamos e experimentamos o silêncio, a voz de Deus, que sempre esteve lá, é mais fácil de ouvir. Sentamos com confiança onde ele nos quer e permitimos que sua presença nos atraia mais profundamente para onde estamos.

Nada de cavar, nada de baldes, nada de olhar em volta para ver o que todo mundo está fazendo. Simplesmente recebemos e reagimos ao poder do nosso poderoso e amado Pai. E quanto mais permanecemos sentadas afundando na areia, mais empolgadas ficamos para convidar outras amigas cansadas a colocarem suas cadeiras junto da nossa na beira do mar.

> **Nós nos tornamos uma geração de mulheres que estão em paz com quem somos, que encorajamos uma às outras a se aproximar de suas identidades mais profundas e afastar o que estiver atrapalhando.**

E imagine isto. Nós nos tornamos uma geração de mulheres que estão em paz com quem somos, que encorajamos umas às outras a se aproximar de suas identidades mais profundas e a afastar o que estiver atrapalhando. Eu sou super a favor desse mundo.

Pare de se esforçar demais, amiga.

Pare de tentar construir algo grande.

Você não veio ao mundo para correr atrás de uma linha de chegada impossível de alcançar. Você está cansada porque está tentando conquistar o mundo, mas podemos ter coragem porque o Deus do Universo já fez isso antes.

Você foi feita de maneira extremamente maravilhosa.

Ele te cerca por trás e pela frente.

Os pensamentos Dele para você são impossíveis de contar.

Esse não é um Deus que ri te observando afundar no fim da vida enquanto você tenta administrar agendas, tarefas e expectativas ridículas. O Cristo vivo está com você, e você pode simplesmente *ser*.

Ouça isso agora, amiga: Você é amada. Você é vista. Você é o suficiente.

Com lágrimas nos meus olhos, eu agradeço a você. Foi uma das maiores honras da minha vida entrar na sua vida com estas palavras.

Estou torcendo por você.

NOTAS

1. CLEAR, James. *Hábitos Atômicos: Um método fácil e comprovado de criar bons hábitos e se livrar dos maus.* Rio de Janeiro, Alta Life, 2019.

2. KELLER, Gary; PAPASAN, Jay Papasan. *A Única Coisa: A verdade surpreendentemente simples por trás de resultados extraordinários.* Rio de Janeiro, Editora Sextante, 2021.

3. BROWN, Brené. *A Coragem de Ser Imperfeito.* Rio de Janeiro, Editora Sextante, 2016.

4. SMITH, Myquillyn. *The Nesting Place.* Grand Rapids, MI: Zondervan, 2014, 61.

5. Greg McKeown, *Essencialismo: A disciplina busca por menos.* Rio de Janeiro, Editora Sextante, 2015.

6. FREMAN, Emily P. "Sit Down on the Inside," episódio 62, *The Next Right Thing,* podcast, 16:39, https://emilypfreeman .com/podcast/the- next- right- thing/62.

7. CLEAR, James. *Hábitos Atômicos: Um método fácil e comprovado de criar bons hábitos e se livrar dos maus.* Rio de Janeiro, Alta Life, 2019.

Projetos corporativos e edições personalizadas dentro da sua estratégia de negócio. Já pensou nisso?

Coordenação de Eventos
Viviane Paiva
viviane@altabooks.com.br

Assistente Comercial
Fillipe Amorim
vendas.corporativas@altabooks.com.br

A Alta Books tem criado experiências incríveis no meio corporativo. Com a crescente implementação da educação corporativa nas empresas, o livro entra como uma importante fonte de conhecimento. Com atendimento personalizado, conseguimos identificar as principais necessidades, e criar uma seleção de livros que podem ser utilizados de diversas maneiras, como por exemplo, para fortalecer relacionamento com suas equipes/ seus clientes. Você já utilizou o livro para alguma ação estratégica na sua empresa?

Entre em contato com nosso time para entender melhor as possibilidades de personalização e incentivo ao desenvolvimento pessoal e profissional.

PUBLIQUE SEU LIVRO

Publique seu livro com a Alta Books. Para mais informações envie um e-mail para: autoria@altabooks.com.br

CONHEÇA OUTROS LIVROS DA **ALTA LIFE**

Todas as imagens são meramente ilustrativas.

Este livro foi impresso nas oficinas gráficas da Editora Vozes Ltda.,
Rua Frei Luís, 100 – Petrópolis, RJ.